Für Emil, der mich gebeten hat, dieses Buch zu schreiben, damit sich kein Kind mehr alleine fühlen muss mit seiner Angst.
Das war eine wunderbare Idee, Emil, für die ich Dir gar nicht genug danken kann.

C.R.

MIX
Papier | Fördert gute Waldnutzung
FSC® C002795

Originalausgabe
1. Auflage

Verlag Friedrich Oetinger · Hamburg

Druck und Bindung: Livonia Print SIA, Jūrkalnes iela 15/25, LV - 1046 Riga, Lettland
Printed 2023
ISBN 978-3-7512-0365-4

www.oetinger.de

Christine Rickhoff • Felicitas Horstschäfer

KEINE ANGST VOR DER ANGST

Ein Buch wie 100 Freundinnen und Freunde

Verlag Friedrich Oetinger GmbH · Hamburg

Inhalt

Vorwort

„Hattest du schon mal Angst? So richtig fiese, kribbelige Angst, die durch den ganzen Körper kriecht, das Herz schneller schlagen lässt und dir zittrige Knie macht?"

Diese Frage habe ich für dieses Buch genau 100 Menschen gestellt. Und es wird dich vielleicht ein bisschen überraschen, aber jeder Einzelne von diesen 100 kannte das Gefühl ganz genau. Ich habe einen Astronauten und eine Astronautin gefragt, einen Bürgermeister, eine Polizistin, eine Haiforscherin, einen Angstforscher und einen Feuerwehrmann. Ich habe die Helden und Heldinnen meiner Kinder angerufen und die Helden und Heldinnen meiner eigenen Kindheit. Ich habe mit vielen sehr starken, lebensklugen und weisen Menschen aus Europa, Afrika, Amerika und Asien gesprochen, um sie zu fragen, was genau sie über die Angst wissen.

Und in der Tat habe ich dabei nicht einen einzigen Menschen auf der Welt gefunden, der behauptet hat, dass er sich immer nur mutig und sicher fühlt.
In diesem Buch wirst nun auch du all diese 100 Menschen kennenlernen. Sie werden dir erzählen, wovor sie als Kinder Angst hatten und was sie über die Angst wissen. Vor allem aber – und genau das macht jede Seite dieses Buches so kostbar – findest du 100 kluge Gedanken darüber, was du tun kannst, wenn sich dieses Gefühl einmal zu groß anfühlt.

Bist du bereit, dich nicht mehr alleine zu fühlen mit deiner Angst? Und bist du bereit, 100 Mut-Tipps in deinen Lebensrucksack zu packen? Dann freue ich mich sehr, in diesem Buch den größten Schatz mit dir zu teilen, den ich je gefunden habe:
100 Freunde und Freundinnen.
Für Momente, in denen du gar nicht genug Trost, Verständnis und Ermutigung bekommen kannst.

Dr. Ornella Céline Weideli

Biologin und Haiforscherin

Was du verstehst, musst du nicht fürchten.

Ich bin in einem Viertel mit Mehrfamilienhäusern aufgewachsen. Dort gab es auch eine riesige Tiefgarage. In dieser Garage war es dunkel, ein bisschen unheimlich und es war uns streng verboten, dort zu spielen. Andererseits war der Boden einfach perfekt zum Inlineskaten. Um ganz sicherzugehen, dass es in dieser Tiefgarage nicht spukt, hatten wir Kinder eine Idee. Wir platzierten dort ein Diktiergerät und hörten uns danach eine ganze Stunde die Aufnahmen an. Als kein Spukgeräusch zu hören war, fühlten wir uns sicher. Wir hatten das schließlich genau erforscht.

Haiangriffe passieren superselten.

Heute bin ich Biologin und Haiforscherin, habe also täglich mit einer Tierart zu tun, die für viele noch viel furchterregender ist als für mich damals die Tiefgarage. Manchmal wünsche ich mir, die Leute würden in Haien sehen, was ich sehe, nämlich wahnsinnig faszinierende und elegante Tiere, die sich in 450 Millionen Jahren perfekt an ihre Umwelt angepasst haben. Ist es gut, Respekt vor ihnen zu haben? Na klar! Aber man sollte auch unbedingt wissen, dass Haiangriffe superselten passieren. Ich bin schon oft mit ihnen getaucht und habe noch nie erlebt, dass jemandem etwas zugestoßen ist. Nicht mal dann, wenn sich Leute sehr sehr dumm verhalten haben.

Geheimtipp:

Es ist ganz normal, Respekt vor wilden Tieren zu haben. Das steckt tief in unseren Genen. Was aber immer hilft, ist Fachwissen. Wusstest du zum Beispiel, dass Haie superschüchtern sind? Dass viele der 500 Hai-Arten kleiner als ein Meter sind und dass mehr Menschen durch Kuhangriffe sterben als durch Haie? Solltest du je einen Hai treffen, wirst du auf jeden Fall vor allem eines erleben: ein Wunder der Natur!

Tobi Krell

bekannt als „Checker Tobi“

Es ist auch mutig, sich etwas NICHT zu trauen!

Ich hatte als Kind ganz verschiedene Ängste und kann mich auch noch sehr gut an dieses Gefühl erinnern. Unseren Reihenhauskeller fand ich zum Beispiel ganz schön gruselig ... Wenn ich unten war, um etwas zu holen, bin ich am Ende immer ganz schnell die Treppen hochgerannt. Dabei wusste ich nicht mal genau, wovor ich eigentlich wegrenne. Eine ganz andere Art Angst hatte ich vor schwierigen neuen Herausforderungen beim Geräteturnen. Ich habe das viele Jahre gemacht und wusste deshalb sehr genau, dass manche Übungen beim Turnen wirklich ein bisschen gefährlich sind. Es hat manchmal Wochen gedauert, bis ich auch innerlich so weit war, etwas zum ersten Mal zu versuchen. Jetzt als Erwachsener probiere ich für die „Checker Tobi"-Sendungen viele Dinge aus, die ich sonst vielleicht eher nicht tun würde. Ich bin zum Beispiel schon Fallschirm gesprungen, habe Bungeejumping gemacht und eine Vogelspinne auf die Hand genommen. Kinder fragen mich oft, ob ich dabei Angst hatte, und meine Antwort ist: Auf jeden Fall! Ich entscheide mich bloß schon vorher, dass ich etwas wirklich durchziehen will. Manchmal schaffe ich es aber trotzdem nicht. Als ich beim Schwimmbad-Check vom Zehnmeterturm springen sollte, bin ich lieber die Leiter wieder runtergeklettert, als zu springen, und habe dabei festgestellt: Die Angst nicht zu überwinden und das zuzugeben, kostet auch eine Menge Mut.

Kinder fragen mich oft, ob ich Angst habe.

Geheimtipp:

Triff schon vorher die Entscheidung, deine Angst zu überwinden. Das hilft sehr, weil Willenskraft ganz schön stark machen kann. Und wenn es trotzdem nicht klappt, sei nicht enttäuscht von dir. Es gehört nämlich auch viel Mut und Stärke dazu, Nein zu sagen und sich etwas nicht zu trauen! Auch darauf kann man sehr stolz sein.

Emil

liebt Hockey und Radfahren. Eines Tages will er mit einem riesigen Solar-Boot alles Plastik aus dem Meer fischen.

Ich habe viele Leute gefragt, was gegen Angst hilft!

Manchmal habe ich nachts Angst vor Geistern und Skeletten. Ich habe davon in Hörbüchern gehört und finde das ganz schön gruselig. Besonders schlimm fand ich immer die Vorstellung, dass abends ein Skelett kommt und mir die Bettdecke wegziehen will. Auf keinen Fall wollte ich die Augen schließen, denn dann hätte ich mich ja nicht wehren können.

Versuch mal, vor einem Skelett im Blümchenkleid Angst zu haben.

Ich hab dann ganz viele Leute gefragt, was gegen Angst hilft und habe viele Tipps gesammelt. Am allerbesten hat bei mir der Riddikulus-Zauber aus Harry Potter geklappt. Der Zauber macht, dass das, wovor man Angst hat, im Zauberspiegel lustig aussieht und nicht mehr Furcht einflößend. Wenn man gerade keinen Zauberspiegel zur Hand hat, kann man sich aber auch einfach selber etwas total Lustiges zu der gruseligen Sache ausdenken. Dem Skelett, vor dem ich Angst hatte, habe ich in meinen Gedanken zum Beispiel ein rosa Kleid mit lila Blümchen angezogen und habe mir vorgestellt, dass seine Mama es immer zum Abendessen ruft, wenn es mich ärgern will. Und jetzt versuch mal, vor einem Skelett im Blümchenkleid Angst zu haben, das von seiner Mama gerufen wird … Geht nicht, sag ich doch!

Dein Patentipp

Lieber Emil! Was du machst, ist sehr klug. Humor ist immer eine gute Methode, um ein paar Schritte Abstand von der Angst zu bekommen. Je mehr Spaß du in dir spürst, desto weniger Platz findet die Angst.

Dein Angstpate Prof. Dr. Julian Schmitz, Professor für Klinische Kinder- und Jugendpsychologie an der Universität Leipzig

Maral Bazargani

Reporterin bei den logo!-Kindernachrichten und Sprinterin im Deutschen Olympia-Team 2012

Mach dich groß, wenn du dich klein fühlst!

Ich komme ursprünglich aus dem Iran, einem Land, das etwa 5000 Kilometer entfernt ist. Meine Eltern zogen mit mir hierher, als ich noch ein kleines Baby war. Obwohl Deutschland meine Heimat ist, hatte ich manchmal Angst, hier aufzufallen und meinen Platz nicht zu finden. Vielleicht, weil ich gesehen habe, wie schwer es meine Mutter am Anfang hatte. Sie ist eine sehr kluge und studierte Frau, wurde hier in Deutschland aber oft für nicht so schlau gehalten, weil sie mit einem Akzent sprach.
Ich dachte also als Kind, dass ich in der deutschen Sprache keinen einzigen Fehler machen darf, damit mir das nicht auch passiert. Dabei bin ich mit Deutsch als zweiter Muttersprache aufgewachsen, es gab also gar keinen Grund für mich, so etwas zu denken.
Trotzdem war mir das unglaublich wichtig. Ich erinnere mich noch, wie ich einmal mit meiner Mutter für eine Deutsch-Grammatikarbeit so gut gelernt habe, dass ich sogar die beste Note der Klasse hatte. Heute weiß ich, dass das gar nicht so wichtig war und niemand etwas Blödes über mich gedacht hätte, wenn ich nicht die allerbeste Note geschrieben hätte.

Geheimtipp:

Wenn du Angst hast, ganz egal wovor, mach eine Power-Pose. Stell dich auf die Zehenspitzen, schließe die Augen, drück die Brust raus, nimm die Schultern zurück und mach dich ganz groß. Denke jetzt an einen Moment, in dem du richtig stark warst und etwas super geklappt hat. Merkst du, wie die Kraft durch dich hindurchfließt und die Angst vertreibt? Ich mache diese Power-Pose noch immer vor jeder logo!-Moderation und immer, wenn ich Mut oder Konzentration brauche.

Michael Jung

Olympiasieger,
Weltmeister und
Europameister im
Vielseitigkeitsreiten

ANGST

Gib dir selbst die Chance, gute Erfahrungen zu machen!

Als ich ungefähr sieben oder acht Jahre alt war, ist mir mein Pony Moritz einmal durchgegangen und hat mich von seinem Rücken geschmissen. Ich erinnere mich noch genau an das Gefühl, als Moritz plötzlich einen Haken schlug und ich merkte, dass ich gar keine Einwirkung mehr auf ihn habe. Danach hatte ich erst mal genug vom Reiten. Ich hatte einfach Angst, dass das wieder passieren könnte.

Als mein Bruder meine Angst bemerkte, hat er sich auf Moritz gesetzt und mir gezeigt, wie schön es ist, auf ihm zu reiten. Er und meine Eltern haben mir viele Tipps gegeben, wie man besser reagiert, wenn ein Pony oder Pferd durchgeht. Irgendwann habe ich mich dann überwunden und bin wieder aufgestiegen. Mittlerweile weiß ich: Der Vorfall hat mich am Ende sogar stärker und mutiger gemacht.

Später hatte ich mal ein Pferd, von dem ich fast jeden Tag runterfiel, aber durch Moritz und meine überwundene Angst hatte ich ja schon gelernt: Das Runterfallen und das Ausprobieren gehören in diesem Sport und im Leben dazu.

Geheimtipp:

Ein Pferd, das Angst vor Pfützen hat, lässt man immer und immer wieder durch Pfützen gehen, bis es verstanden hat, dass Pfützen gar nicht gefährlich sind. Genau so kann man sich selbst durch Wiederholung guter Erfahrungen zeigen, dass man sich gar nicht so sehr fürchten muss. Manchmal wäre es furchtbar traurig, die Angst gewinnen zu lassen ...

VIERBEINIGER KOMPLIZE
Stefanie Stahl
Bestseller-Autorin und Psychotherapeutin

Du kannst lernen, die Angst zu verstehen!

Ich muss sagen, dass ich jetzt als Erwachsene viel eher mal Angst habe als früher. Als Kind war ich unerschrockener und unbeschwerter, zum Beispiel beim Sport, aber auch in vielen anderen Bereichen. Erwachsene machen sich insgesamt mehr Gedanken darüber, was alles passieren könnte. Woran ich mich aber noch gut aus meiner Kindheit erinnern kann, ist die Angst vor ein paar Jungs, die mir gerne mal auf dem Schulweg aufgelauert haben.
Der Weg zur Schule war lang und führte teilweise durch den Wald. Da war es schon ein mulmiges Gefühl, auf viel größere Jungs zu treffen, die echt fies waren. Einmal haben sie mich zum Beispiel mitgenommen und in einer ganz anderen Straße alleine gelassen. Sie wollten offensichtlich, dass ich mich verlaufe. Aber ich habe sie durchschaut. Als sie mich fragten, ob ich diese Straße kenne, habe ich einfach »Nein!« gesagt, obwohl ich sehr wohl wusste, wo ich war. Es war also kein Problem für mich, den Weg zurückzufinden, und ich war danach ganz schön stolz auf mich, dass ich sie austricksen konnte.

Geheimtipps:

Du hast Angst vor etwas, was wirklich passiert oder existiert

Gegen diese Angst hilft immer ein Plan. Den kann man sich alleine zurechtlegen oder im Gespräch gemeinsam mit einem Erwachsenen finden. Manchmal braucht man auch einen Komplizen, der Dinge klärt oder dabei unterstützt, einen Plan umzusetzen.

Deine eigenen Gedanken jagen dir Angst ein

In diesen Fällen hilft es, dir richtig viel Mühe zu geben, nur das zu sehen, was WIRKLICH ist. Was siehst du wirklich? Was hörst du wirklich? Woher kommen die Geräusche? Sich komplett ins Hier und Jetzt zu bringen und zu verstehen, dass ihnen die eigenen Gedanken Angst machen, hilft übrigens auch Erwachsenen am allerbesten gegen diese Art von Angst.

Frag deine fünf Sinne, was sie davon halten.

Wenn man als Zahnarzt und Kieferorthopäde arbeitet, dann begegnet man der Angst ziemlich oft. Fast jeder Mensch hat ein bisschen Angst beim Zahnarzt, sogar ich finde es unangenehm, meinen Mund für eine Behandlung zu öffnen. Das hängt damit zusammen, dass die Mundhöhle zwar ein ganz kleiner Raum ist, aber wahnsinnig wichtige Funktionen hat. Wir atmen durch ihn, wir nehmen Essen damit auf, er ist so etwas wie ein Fenster zu unserem Inneren. Es ist also nicht verwunderlich, dass unser Nervensystem Alarm auslöst, wenn jemand mit fies aussehenden Instrumenten und nervtötendem Sound in unserem Mund rumwerkeln will.

Angst sitzt manchmal ganz tief in den Knochen.

Natürlich ist es ungesund und gefährlich, wenn Menschen aus Angst nie zum Zahnarzt gehen. Aber verstehen kann ich sie trotzdem. Ich persönlich habe wegen einer schlimmen Erfahrung zum Beispiel nie schwimmen gelernt. Als ich ein Kind war, bin ich einmal in einen Pool gesprungen, der viel tiefer war als erwartet. Ich hatte keine Ahnung, wie man schwimmt, also ging ich einfach strampelnd unter. Unter Wasser hörte ich irgendwann die Stimme meines besten Freundes: „Nagm ist da unten!" Kurz darauf zog er mich nach oben. Obwohl ich weiß, dass ich es natürlich schaffen kann, schwimmen zu lernen, scheiterte bisher jeder Versuch. Angst sitzt einem manchmal ganz schön tief in den Knochen.

Geheimtipp:

Angst entsteht meist in unseren Gedanken. Mit deinen fünf Sinnen kannst du prüfen, ob etwas wirklich gefährlich ist oder ob es sich nur so anfühlt. Je genauer du deine Gedanken mit der Realität abgleichst, desto einfacher wird es für dich, mit dem Gefühl der Angst umzugehen … Wenn du magst, frag eine vertraute Person, ob sie dir dabei hilft.

Lina Larissa Strahl

Sängerin und Schauspielerin

Gib der Angst einen Namen!

Eigentlich war ich ein fröhliches Kind, von dem man das gar nicht so erwarten würde, aber ich hatte früher schon vor sehr vielen Dingen Angst. Das waren ganz konkrete Sachen wie Reiten, auf Klassenfahrt gehen oder in einem See schwimmen, aber auch Ängste, die ich gar nicht richtig benennen konnte. Ich glaube, es war manchmal eher so ein Gefühl, dass man dem Glück nicht trauen kann und etwas Schlimmes passieren könnte. Wenn meine Eltern das Haus verließen, wollte ich deshalb auch immer unbedingt mit. Alleine zu Hause zu bleiben, ging lange gar nicht für mich. Je größer ich wurde, desto mehr veränderten sich die Ängste. Wirklich weg waren sie aber nie und manchmal haben sie mich in wirklich blöde Situationen gebracht. Zum Beispiel, als ich beim Dreh von „Bibi und Tina 2" einen Baum voller Spinnen umarmen sollte. Ich hatte solche Panik, dass ich total weinen musste und mich erst mal weigerte. Das hat sich so dumm und lächerlich angefühlt, und es war mir furchtbar peinlich, dass der Dreh meinetwegen ins Stocken geriet. Mit Anfang zwanzig habe ich beschlossen, mir Hilfe zu holen, weil mich meine Ängste so hartnäckig durchs Leben begleiteten. Das war eine sehr gute Entscheidung. Niemand sollte sich dafür schämen oder denken, dass ihm oder ihr keine Hilfe zusteht.

Geheimtipp:

Sieh deine Angst als wichtigen Berater und gib ihr einen Namen. Meine Angst heißt zum Beispiel Philipp. Ich mag Philipp und bin froh, dass es ihn gibt. Aber wenn er mich schlecht berät und sich zu viele Sorgen macht, sage ich: „Nett gemeint, Philipp, aber das ist ein bisschen übertrieben! Ich glaube, dass alles gut geht." Wie heißt deine Angst? Was rät sie dir gerade? Und was könntest du ihr darauf antworten?

Thomas Müller

Fußball-Nationalspieler

Lass dich von der Angst nicht zu sehr nerven!

Ich erinnere mich noch gut an meinen Weg zum Schulbus. In der Frühe, wenn es noch dunkel war, gab es da diese eine Ecke ohne jegliche Beleuchtung. Ich weiß nicht mal mehr, was genau ich dachte, wer oder was mir in dieser dunklen Ecke auflauerte, ich fand es einfach richtig gruselig, dort alleine entlangzugehen, und habe mich immer ganz doll beeilt. Irgendwann dachte ich mir aber: „Schluss damit! Wenn mir jetzt was passieren sollte, dann ist es halt so." In diesem Moment ist mir erst wirklich klar geworden, wie unwahrscheinlich es ist, dass mir genau an dieser Ecke etwas zustößt.

> Man muss sich entscheiden, wie man mit der Angst umgehen will.

So ähnlich gehe ich übrigens bis heute mit meinen Ängsten um, und das klappt sehr gut. Ich überlege mir einfach, wie wahrscheinlich es ist, dass meine Befürchtungen wahr werden, oder was überhaupt schlimmstenfalls passieren kann. Meist merke ich dabei schon, dass ich das Gefühl einfach wieder wegschicken kann. Ich glaube, man muss sich im Leben grundsätzlich entscheiden, ob man der Angst in die Augen schauen und dann „Danke, Servus!" sagen will oder ob man ihr aus dem Weg geht. Für mich macht eher Ersteres Sinn, denn gerade als Fußballer will und darf ich mich von meinen Gefühlen ja nicht lähmen lassen.

Geheimtipp:

Lass dich nicht zu sehr nerven von der Angst. Prüfe kurz, ob sie dich beschützt und wenn das nicht so ist, sag ihr deutlich, dass sie sich verkrümeln darf. Je häufiger du das übst, desto besser hört die Angst auf dich. Man kann sie richtig erziehen und das ist manchmal echt wichtig. Denn stell dir zum Beispiel mal vor, sie hätte beim WM-Finale 2014 nicht auf uns Nationalspieler gehört … Das wäre echt blöd gewesen, oder?

Karen Malo

Leiterin des Inspire-Programms im Clearwater Marine Aquarium in Florida

Finde einen Gedanken, der dir innere Ruhe schenkt!

Ich arbeite im Clearwater Marine Aquarium in Florida, einem Krankenhaus für Meerestiere. Manche Delfine, Meeresschildkröten, Otter und andere Meeresbewohner, die in der freien Wildbahn nicht überleben könnten, bleiben für immer bei uns. Jedes Tier hier hat seine ganz eigene Geschichte, und durch unser Inspire-Programm bringen wir die Tiere mit Menschen zusammen, die es selbst auch schwer im Leben haben. Zum Beispiel Kinder, die an lebensbedrohlichen Krankheiten leiden. Bei uns treffen sie Tiere wie Nicholas, einen Delfin, der seine Mutter in jungen Jahren verloren und nie gelernt hat, wie man in freier Wildbahn überlebt. Diese Treffen verändern etwas in den Kindern. Ich kann nicht in Worte fassen, was genau bei einer Begegnung zwischen Delfinen und Menschen passiert, aber es ist ein bisschen magisch. Vielleicht ist es die Verspieltheit der Delfine, vielleicht ihre Lebensfreude oder auch ihre Achtsamkeit und Konzentration, die Menschen ihre Ängste eine Weile vergessen lässt. Ich weiß es nicht, und jeder hat andere Erfahrungen. Aber auch ich werde innerlich ganz ruhig, wenn ich Nicholas sehe. Leider konnte er nie in die Wildnis zurückkehren, aber ihn jetzt so glücklich bei uns zu sehen, gibt mir und allen anderen das sichere Gefühl: Das Leben ist trotz aller Schwierigkeiten schön!

Geheimtipp:

Überlege dir etwas, das dich an die Schönheit des Lebens erinnert und dir Gelassenheit schenkt. Für mich ist es das tiefe Blau des Meeres. Mit innerer Ruhe kannst du deiner Angst genauer auf den Grund gehen. Ich hatte zum Beispiel immer Angst vor den riesigen Wolfsspinnen in meinem Haus, bis ich herausfand: Wolfsspinnen fressen Ungeziefer, und sie sind für Menschen völlig ungefährlich!

Das Leben ist trotz aller Schwierigkeiten schön.

Heike Punge

Realschullehrerin für Mathe und Religion

Lass dir keine Angst machen vor Dingen, die du nicht kennst.

Es ist ein bisschen lustig, das als Lehrerin zu erzählen, aber es ist wirklich wahr: Ich hatte richtig dolle Angst vor meiner Einschulung. Mein Bruder und meine Schwester sind beide viel älter als ich, und so bekam ich über Jahre immer wieder mit, dass sie wegen ihrer Hausaufgaben stöhnten oder irgendwelche Lehrer oder Lehrerinnen gemein fanden.

Am ersten Schultag versuchte ich erst noch, mich zusammenzureißen und mir meine Angst nicht anmerken zu lassen. Aber plötzlich fing mein Sitznachbar an zu weinen. Da brach es dann auch aus mir heraus. Mein Papa musste mich an diesem ersten Schultag tatsächlich bis in die Klasse begleiten und mit mir dortbleiben, um mir die Hand zu halten, obwohl im Klassenraum eigentlich gar keine Eltern erlaubt waren.

Heute muss ich darüber schmunzeln, denn am Ende war meine Angst ganz umsonst gewesen. Ich habe Schule immer geliebt. Sicher fand ich auch nicht jeden Tag alles toll, aber immerhin habe ich mich dort so wohlgefühlt, dass ich mich ganz freiwillig dazu entschieden habe, als Lehrerin jeden Arbeitstag dort zu verbringen. Genau das mache ich heutzutage mit viel Freude, ohne Angst (und ganz ohne meinen Papa).

Geheimtipp:

Lass dir von anderen keine Angst einjagen vor Dingen, die du noch nicht kennst oder noch nie gemacht hast. Anstatt dir die schlimmsten Dinge auszumalen, sag dir lieber: „Wer weiß? Vielleicht wird es richtig toll!" Ich glaube, im Leben ist es nämlich oft wie mit großen Rutschen: Die Erlebnisse, die uns vorher die größte Angst einjagen, sind manchmal die allercoolsten!

Johannes Büchs

Moderator der „Sendung mit der Maus“

Die Zeit ist dein Freund. Jede Sekunde macht dich stärker.

Manchmal, wenn ich früher „Die drei ???“ gehört habe, fand ich es danach ganz schön gruselig, durchs dunkle Treppenhaus zu gehen. Das lag vor allem an der spannenden Musik, die ich dann noch im Ohr hatte. Dagegen hat dann nur der Lichtschalter geholfen …
Jetzt, als Erwachsener, weiß ich, dass man Spannung und gruselige Geschichten immer besser aushält, je älter man wird. Man muss gar nichts tun, um das zu lernen. Es passiert einfach so. Heute habe ich nur noch selten Angst. Für die Sendung „Kann es Johannes?“ habe ich allerdings öfter Sachen gemacht, für die ich richtig viel Mut gebraucht habe. Zum Beispiel, als ich wie ein Stuntman von einem sechs Meter hohen wackeligen Gerüst in einen Haufen Pappkartons gesprungen bin. Damit das im Fernsehen richtig gut aussieht, sollte ich sogar mehrmals springen. Das habe ich auch gemacht, aber an einem Punkt war die Angst dann doch so stark, dass ich gesagt habe: „Jetzt will ich nicht mehr.“ Vielleicht war das genau die richtige Entscheidung, denn Angst schützt uns ja auch.

Geheimtipp:

Zeit hilft gegen Angst. Denn Angst kommt oft ganz plötzlich und superschnell. Wenn man ihr dann aber nicht sofort nachgibt, sondern abwartet, dann kann sie schon ein wenig später viel schwächer sein. Einfach nur durchs Abwarten und Nachdenken! Du kannst dir die Angst wie eine Sprinterin vorstellen, die zwar superschnell losrennen kann, aber schon nach ein paar Minuten aus der Puste ist. Deine klugen Gedanken hingegen sind wie Dauerläufer und gewinnen auf der Langstrecke ganz sicher gegen die Angst!

Uroma Hilde

hat fünf Enkel, sechs Urenkel
und eine Menge erlebt.

Du bist nicht alleine!

Als ich ein kleines Mädchen war, lebten wir hier in Deutschland im Krieg. Meine Mutter, meine vier Geschwister und ich wohnten zum Glück auf dem Land, das war während dieser Zeit besser. Erstens wurde da nicht so viel gekämpft, und zweitens hatten wir Möglichkeiten, unser eigenes Essen anzubauen. Davon gab es nämlich nicht besonders viel, es war sehr teuer, und wir hatten nicht viel Geld. Manchmal mussten wir uns Suppe aus Kartoffelschalen kochen, damit wir satt wurden. Meine schlimmste Angst war deshalb, dass bei uns mal ein Blitz einschlägt, denn dann hätte unsere Scheune mit allen unseren Vorräten brennen können. So etwas wie einen Blitzableiter gab es ja damals nicht.

Ich habe schöne Erinnerungen.

Geheimtipp:

Erinnere dich, dass du nicht alleine bist, wenn die Angst kommt. Ich bin mir sicher, dass du jemanden findest, der dir ein kleines Plätzchen unter seiner Decke frei macht oder deine Hand hält, wenn du Trost brauchst. Man kann als Geschwister oder mit den Eltern so viel streiten, wie man will, aber eins habe ich im Leben gelernt: Wenn es darauf ankommt, kann man sich auf seine Familie verlassen!

Auch wenn ich in wirklich schwierigen Zeiten aufwuchs, habe ich wunderschöne Erinnerungen an meine Kindheit. Das liegt daran, dass ich mich nie alleine fühlte. Als jüngstes Kind war ich manchmal ein bisschen wild und frech, so war das schon früher mit den Jüngsten. Manchmal habe ich mir sogar von meinem großen Bruder Nico einen Bonbon erpresst, damit ich ihn nicht verpetze, wenn er heimlich nicht in der Kirche war. Aber wenn es drauf ankam, dann haben wir uns alle gegenseitig beschützt. Wir hielten zusammen, komme, was wolle. Und wenn ein Gewitter aufzog, dann durfte ich immer bei jemandem mit ins Bett schlüpfen. Das war im Winter doppelt schön, wenn es in unserer Stube bitterkalt war.

Lilly

macht Karate, tanzt, singt und bastelt gerne. Wenn sie groß ist, möchte sie selbst auch mal ein Buch schreiben.

Unter meinem Etagenbett wohnt ein Monster!

Eigentlich mag ich mein Zimmer ziemlich gerne, und auch das Etagenbett finde ich super. Nur eines finde ich nicht so toll: Das Monster unter meinem Bett. Wenn es abends dunkel wird und ich schlafen gehe, dann wacht es auf. Es ist groß, hat zotteliges schwarzes Fell und rot leuchtende Augen. Zumindest stelle ich es mir so vor. Natürlich weiß ich, dass es Monster eigentlich nicht gibt, aber das ist meiner Fantasie leider egal.
Meistens hilft es mir ganz gut, wenn ich jeden einzelnen Zentimeter von meinem Körper unter der Decke verstecke.
Aber manchmal wird die Angst zu groß. Dann renne ich schnell ins Schlafzimmer meiner Eltern und verstecke mich zwischen Mama und Papa.

Dein Patentipp

Liebe Lilly,

ich kann gut verstehen, dass du Angst vor dem Monster hast. Du musst dich dafür nicht schämen, denn selbst bei Erwachsenen entstehen noch viele Ängste aus ihrer Fantasie. Es hilft immer sehr, die Angst aus dem Kopf rauszuschütteln und sie an einen anderen Ort zu bringen, zum Beispiel auf Papier. Es könnte also helfen, wenn du das Monster riesengroß auf Papier malst und ihm so hilfst, an einen anderen Ort umzuziehen. Zum Beispiel ins sichere Wohnzimmer? Da sind Monster egal. Unter deinem Bett wohnt dann jedenfalls niemand mehr. Und das Beste ist: Stell dich mal neben das gemalte Monster, und dann sag mal: Wer ist größer? Du oder das Monster? Überraschend, oder? Ich wünsche dir ganz viel Spaß beim Monster-Umzug!

Deine Angstpatin Dr. Teresa Ngigi, Psychologin

BESCHÜTZER-LICHT

Willi Weitzel

bekannt als Willi aus der Fernsehsendung „Willi wills wissen“.

Denk an all das, was dich beschützt.

Ich glaube, dass viele Kinder auf genau die Dinge am meisten Lust haben, die ihnen auch ein bisschen Angst machen. Das kann man auf jedem Spielplatz beobachten. Kinder wollen immer über sich hinauswachsen und sind von Natur aus Abenteurer. Diese Abenteuerlust trage ich zum Glück noch immer in mir und konnte sie sogar zum Beruf machen.
Dass spannende Erlebnisse auch etwas Angst machen, gehört ja irgendwie zum Abenteuer dazu. Ich glaube, vielleicht suchen neugierige Menschen die Spannung sogar ein wenig. Aber je mehr man über die Welt weiß, desto besser kann man mit den eigenen Ängsten umgehen. Zum Beispiel weiß ich heute, dass mir nachts mein müder Kopf gerne Streiche spielt und sich gruselige Sachen ausdenkt. Die nehme ich deshalb nicht mehr so ernst wie früher.

Der Wald verwandelte sich.

Interessant finde ich auch, wie ein einziger Gedanke alles verändern kann. Bei einer Mutprobe, bei der ich ganz alleine ohne Zelt und ohne Handy im Wald hinter unserem Haus schlief, fand ich es supergruselig. Ich lag mit klopfendem Herzen in meiner Hängematte und lauschte in den dunklen Wald mit all dem Knacken, Rauschen und den Rufen der Nachttiere. Doch irgendwann fiel mir auf, dass ich eigentlich total sicher war, so versteckt in der Dunkelheit. Der Wald verwandelte sich allein durch diesen einen Gedanken von einem Furcht einflößenden zu einem sicheren Ort, und ich konnte mich beruhigen.

Geheimtipp

Deine Gedanken können deine Gefühle steuern. Wenn du ganz fest an all das denkst, was dich beschützt, anstatt an mögliche Gefahren, dann beruhigt sich die Angst. Also, los geht´s. Was beschützt dich? Die Bettdecke, das Nachtlicht, die Haustür, deine Eltern …? Und jetzt bist du dran!

Dr. Gerhard Thiele

Astronaut,
im Jahr 2000 auf
Mission im Weltall

Erinnere dich daran, wie sehr du geliebt wirst.

Ich weiß noch genau, was mein Patenonkel mir antwortete, als ich ihm erzählte, dass ich tatsächlich Astronaut werde. Er gratulierte mir natürlich und freute sich für mich, aber er sagte auch: „Ich muss ja doch etwas den Kopf schütteln, wenn ich an den Zweijährigen zurückdenke und die Anstrengung, die es kostete, ihn in ein Planschbecken zu verfrachten." Er fand es lustig, dass ich mich von einem eher ängstlichen Kleinkind zu einem Mann entwickelt hatte, der sich freiwillig zu einem sicher nicht ganz risikofreien Abenteuer entschieden hatte. Manche Menschen denken, dass Astronauten vollkommen schwindel- und angstfrei sind, aber das stimmt nicht. Lesen im Auto bekam auch meinem Magen nicht gut, und Angst kenne ich heute noch. Ihr werdet mich zum Beispiel niemals an einem Bungeeseil baumeln sehen, auch weil ich nicht wüsste, was es mir bringen soll. Ins All zu fliegen, war etwas anderes. Ich war so neugierig, endlich dahin zu reisen, worüber ich seit meiner Kindheit so viel gelesen hatte, dass meine Freude darauf gar keine lähmende Angst aufkommen ließ. Ich war nach all den Jahren des Trainings auch so gut auf die Mission vorbereitet, dass ich das Gefühl hatte, auf jede gefährliche Situation eine Antwort zu kennen. Und das beruhigt ungemein.

Geheimtipp:

Erinnere dich daran, wie sehr du geliebt wirst. Der Gedanke, dass da unten auf der Erde meine Frau und unsere vier Kinder auf mich warteten, hat mich im Weltall immer beschützt. Liebe ist nämlich stärker als Zweifel und Angst. Deshalb sage ich jedem Enkelkind, sooft es nur geht: „Vergiss nie, Opa liebt dich!"
Wer hat dich ganz besonders lieb? Welche Liebe schützt dich?

Fola Dada
Jazzsängerin und Professorin für Gesang, ausgezeichnet mit dem Deutschen Jazzpreis

Dein Körper wird dir sagen, was du brauchst!

Auch wenn mein Beruf als Sängerin mich ständig auf die Bühne bringt, mochte ich es eigentlich noch nie, im Mittelpunkt zu stehen. Ich erinnere mich daran, dass ich einmal im Kindergarten vor allen Kindern und Eltern ein Lied vorsingen sollte und mich einfach nicht überwinden konnte. Innerlich habe ich mehrmals angesetzt, aber es kam kein Ton aus mir heraus, und ich rettete mich irgendwann weinend in die Arme meiner Mutter. Heute merke ich zwar auch noch sehr genau die Blicke auf mir, habe meine Aufregung aber ganz gut im Griff. Das muss ich auch, denn unter Stress klingen Stimmen oft zittrig.

Es hilft immer, sich auf das Innere zu konzentrieren.

Wenn ich bei meinen Schülern und Schülerinnen bemerke, dass sie Angst vor einem Auftritt haben, dann erinnere ich sie an ihre innere Freude am Singen. Diese innere Freude bleibt nämlich unberührt davon, ob andere das, was man tut, gut finden oder nicht.

Was gegen Angst und Aufregung hilft, sagt dir auch dein eigener Körper meist sehr genau. Schon klar, vor der Mathearbeit kannst du natürlich nicht einfach losrennen, zappeln oder deinen Sitznachbarn umarmen, nur weil du dich danach fühlst. Aber wann immer es geht, macht es ganz viel Sinn, bei Angst genau das zu tun, was dein Körper dir sagt. Der ist nämlich richtig schlau und weiß genau, was dir in der Angst guttut.

Geheimtipp:

Leg deine Hand auf deinen Arm und stell dir vor, der Arm wäre ein Stück Knete. Durch das Drücken und Kneten wird der Teil deines Nervensystems aufgeweckt, der dich entspannt und beruhigt. Und je mehr Ruhe du in dir spürst, desto weniger Platz bleibt für Stress und Angst.

Henri Faber

schreibt als Thriller-Autor supergruselige Bücher für Erwachsene.

Deine Vorstellungskraft kann dich beschützen!

Wenn man wie ich ein Autor für richtig gruselige Geschichten ist, dann bedeutet das nicht, dass man selbst keine Angst kennt. Ganz im Gegenteil: Ich würde sagen, als Kind war ich sogar sehr ängstlich. Wir hatten früher keinen Fernseher, also hat mein Kopf sich selbst Geschichten ausgedacht. Die waren echt nicht immer nur schön. Oft handelten sie von Monstern, fiesen Fantasiegestalten oder Riesenspinnen. Ich glaube, dass Menschen mit viel Vorstellungskraft sich selbst richtig viel Angst einjagen können. Das Gute an der Fantasie ist aber, dass sie keine Grenzen hat. Man kann sich ja ALLES ausmalen, deshalb ist man den Gruselgestalten niemals hilflos ausgeliefert. Als Kind habe ich, wenn ich Angst vor meinen eigenen Gedanken hatte, die Geschichten einfach weitergedreht, um mir selbst zu helfen. Ich habe Kuscheltiere zum Leben erweckt, mir Actionhelden ins Zimmer eingeladen und riesige freundliche Monster vor meinem Bett platziert, die mich beschützten. Und weißt du, was lustig ist? Das Ganze habe ich jetzt sogar zum Beruf gemacht: Ich denke mir erst eine Gefahr aus und überlege dann, wie ich ihr entkommen würde. So entstehen meine Bücher.

Geheimtipp:

Deine Vorstellungskraft ist deine Superwaffe gegen die Angst. Bau dir in Gedanken eine ganze Kuscheltier-Armee, eine unkaputtbare Schutzblase oder einen perfekt bewachten Palast, in dem du dich absolut sicher fühlen kannst. Wenn es dir schwerfällt, die guten Bilder lange im Kopf zu behalten, mal sie auf oder erzähle jemandem davon, das kann dich unterstützen.

Gonzalo Campos López

Musicaldarsteller, spielt „Aladdin“ im gleichnamigen Disney-Musical von Stage Entertainment.

Geh so aufrecht durchs Leben wie Aladdin!

Ich bin in Ceuta aufgewachsen, einer kleinen spanischen Stadt, die so südlich liegt, dass sie schon zu Afrika gehört. In dieser Stadt kannte eigentlich fast jeder jeden, und ich habe mir als Kind immer ganz viel Mühe gegeben, nie durch schlechtes Benehmen aufzufallen. Ich wollte, dass meine Eltern stolz auf mich sein können und die Leute mich als höflichen und freundlichen Jungen kennen. Später studierte ich sogar erst einmal Übersetzung und Dolmetschen, weil ich meine Eltern nicht unglücklich machen wollte. Aber zum Glück haben sie mich danach unterstützt, genau das zu machen, was ich immer machen wollte: ein Schauspielstudium.

Ich habe auch in mir Magie entdeckt.

Wenn ich darüber nachdenke, dass ich heute auf dieser riesigen Bühne stehe und einen Disney-Helden spielen darf, dann bin ich noch immer total dankbar und stolz. Ich wäre nie auf einem Teppich durchs Theater geflogen, wenn ich nicht irgendwann auch auf meine eigenen Träume gehört hätte, anstatt auf die Erwartungen anderer Menschen … Und weißt du was? Durch Aladdin habe ich auch in mir ein bisschen Magie entdeckt! Denn Aladdin wird nicht nur von einem magischen Teppich getragen, sondern auch von seinem unerschütterlichen Glauben daran, dass es sich immer lohnt, positiv zu bleiben. Das Tolle ist, dafür brauchst du gar keinen Flaschengeist … Du kannst dich entscheiden, daran zu glauben, dass alles gut wird!

Geheimtipp:

Dass Aladdin so mutig ist, hat auch mit seiner Haltung zu tun. Er steht ganz aufrecht und stolz, ganz egal, was passiert. Diese innere und äußere Haltung kann man üben, bis sie ganz zu einem gehört. Besonders gut geht das mit Yogaübungen. Sie vertreiben zusätzlich Stress, wirken also doppelt gut gegen Angst und Sorgen.

Stefanie Körner

Bewohnerin einer kleinen Nordseeinsel

Manche Ängste muss man besiegen, um glücklich zu sein!

Jeder Mensch hat einen genauen Bauplan. Der steht auf den Genen. Auch deine Gene haben bestimmt, als welcher Mensch du auf die Welt gekommen bist, also zum Beispiel, wie groß du etwa wirst, wie du aussiehst oder wie deine Stimme klingt. Wenn aber nur ein klitzekleines Stück eines winzigen Teils in einem Gen gelöscht ist, kann das ganz viel ausmachen. Bei mir ist das so. Ich habe wie schätzungsweise drei bis vier Millionen Menschen auf der Welt die Genveränderung 22q. Deshalb bin ich recht klein, meine Stimme klingt anders, ich werde schnell krank, und meine Muskeln sind schwächer als die von anderen. Das macht alles etwas schwerer für mich, auch das Sprechen, denn dafür braucht man über 100 Muskeln. Als Kind hatte ich Angst davor, mit fremden Menschen zu sprechen. Häufig fragten mich Kinder, warum ich so komisch rede, und Erwachsene verstanden mich gar nicht. Es kann sehr wehtun, anders zu sein oder etwas nicht so gut zu können, was für andere ganz leicht ist. Irgendwann hatte ich es aber satt, mich zu verstecken. Man hat ja nur dieses eine Leben. Mittlerweile habe ich mir meinen Traum erfüllt und bin ganz alleine auf die Nordseeinsel Wangerooge gezogen. Und weißt du, was verrückt ist? Dort spreche ich als Kassiererin jeden Tag mit Hunderten fremden Menschen. Sätze kann man schließlich wiederholen und viel wichtiger als deutliche Sprache ist in meinen Augen ein ehrliches Lächeln!

Geheimtipp:

Hab keine Angst davor, anders zu sein. Jeder von uns hat einen ganz eigenen Bauplan, der manches schwer und anderes leicht macht. Aber wertvoll und liebenswert sind wir alle. Selbst wenn die Angst mal größer ist als unser Mut.

Mareike Borkowski

Förderschullehrerin an der Grundschule

Kein Kind sollte Angst haben müssen, nicht gut genug zu sein!

Wenn ich an meine Kindheit zurückdenke, dann sind da vor allem sehr viele schöne Erinnerungen. Meine Geschwister und ich haben ganz viel draußen mit Freunden und Freundinnen gespielt, wir waren jeden Sommer campen, und ich habe meine Eltern immer als sicheren Hafen erlebt. Vielleicht hatte ich deshalb eigentlich nur Angst davor, dass jemandem aus meiner Familie etwas passieren könnte. Ansonsten habe ich ganz viel Sicherheit in mir getragen und weiß heute, dass es ein riesiges Geschenk ist, das so sagen zu können. Viele der Kinder, mit denen ich heute als Lehrerin arbeite, haben einen steinigeren Weg ins Leben. Zu merken, dass man in der Schule manchmal nicht so richtig mitkommt, kann nämlich ganz schön Angst machen und verunsichern. Ich bin an der Schule für Inklusion zuständig, also dafür, dass jeder kriegt, was er braucht, und so sein darf, wie er ist, ganz ohne Angst. Denn jedes Kind ist wertvoll, wunderbar und wichtig für die Welt. Vollkommen unabhängig davon, was es kann oder nicht kann. Das sehe ich als Lehrerin so und genauso als Mama. Kein Kind sollte Angst haben müssen, nicht genug zu sein. Aber wenn es die doch hat, dann ist es niemals seine eigene Schuld. Wir Erwachsenen, wir müssen euch Kindern ein sicherer Hafen sein. Es ist unsere Aufgabe, an euch zu glauben.

Jedes Kind ist wertvoll, wunderbar und wichtig für die Welt.

Geheimtipp:

Wenn du Angst hast, träum dich an einen sicheren Wohlfühlort. Für mich ist dieser Ort ein Platz unter einem Baum, aber es kann bei dir ein ganz anderer sein. Vielleicht träumst du dich an deinen Basteltisch, in eine gemütliche Sofaecke oder an den Strand. Was ist dein Wohlfühlort? Wo fühlst du dich ganz und gar sicher?

Max Giesinger

Sänger, Songwriter und Musikproduzent

Dankbarkeit hilft dir, dich besser zu fühlen!

Als Kind habe ich irgendwann mal einen Film gesehen, in dem eine Stoffpuppe zum Leben erwachte. Es war kein supergruseliger Film, aber die Vorstellung hat mich so verfolgt, dass meine Oma immer ihre Dekopuppe verstecken musste, wenn ich zu Besuch kam. Genauso gruselig fand ich das Alleinsein in dem großen Haus, in dem wir nach der Trennung meiner Eltern wohnten. Der Freund meiner Mutter war Jäger, und überall hingen Geweihe, es gab sogar einen ausgestopften Dachs. Wenn dann noch die Balken des Hauses knackten, verkroch ich mich einfach nur im Bett und hoffte, dass meine Mutter bald nach Hause kommt.

Geheimtipp:

Wenn ich Angst habe, versuche ich, meine Konzentration auf das zu lenken, wofür ich dankbar bin. All die guten Dinge in meinem Leben lassen die Angst nicht einfach verschwinden, aber wenn ich an sie denke, geht es mir trotzdem immer etwas besser. Für was bist du heute dankbar? Und wie fühlt sich der Gedanke daran an?

Puppen und große Häuser können mir heute nichts mehr anhaben. Aber als ich vor vielen Jahren bei „The Voice of Germany“ mitgemacht habe, schlotterten mir aus ganz anderen Gründen die Knie. Ich wusste ja, dass jeder Auftritt darüber entscheiden konnte, wie mein Leben weitergehen würde. Nach über 2000 Konzerten bin ich heute viel entspannter und habe gelernt: Wenn man Fehler macht, ist das halb so schlimm. Im Gegenteil: Meist sind es genau die unperfekten Momente, die das Publikum und mich so richtig verbinden. Die meisten Missgeschicke sind nicht mehr als lustige, gemeinsame Erinnerungen, über die man später lachen kann. Letzten Endes bin ich heute oft dankbar für Ereignisse, vor denen ich früher Angst hatte.

Jule Hermann

Schauspielerin, bekannt als „Wendy“ aus den gleichnamigen Kinofilmen.

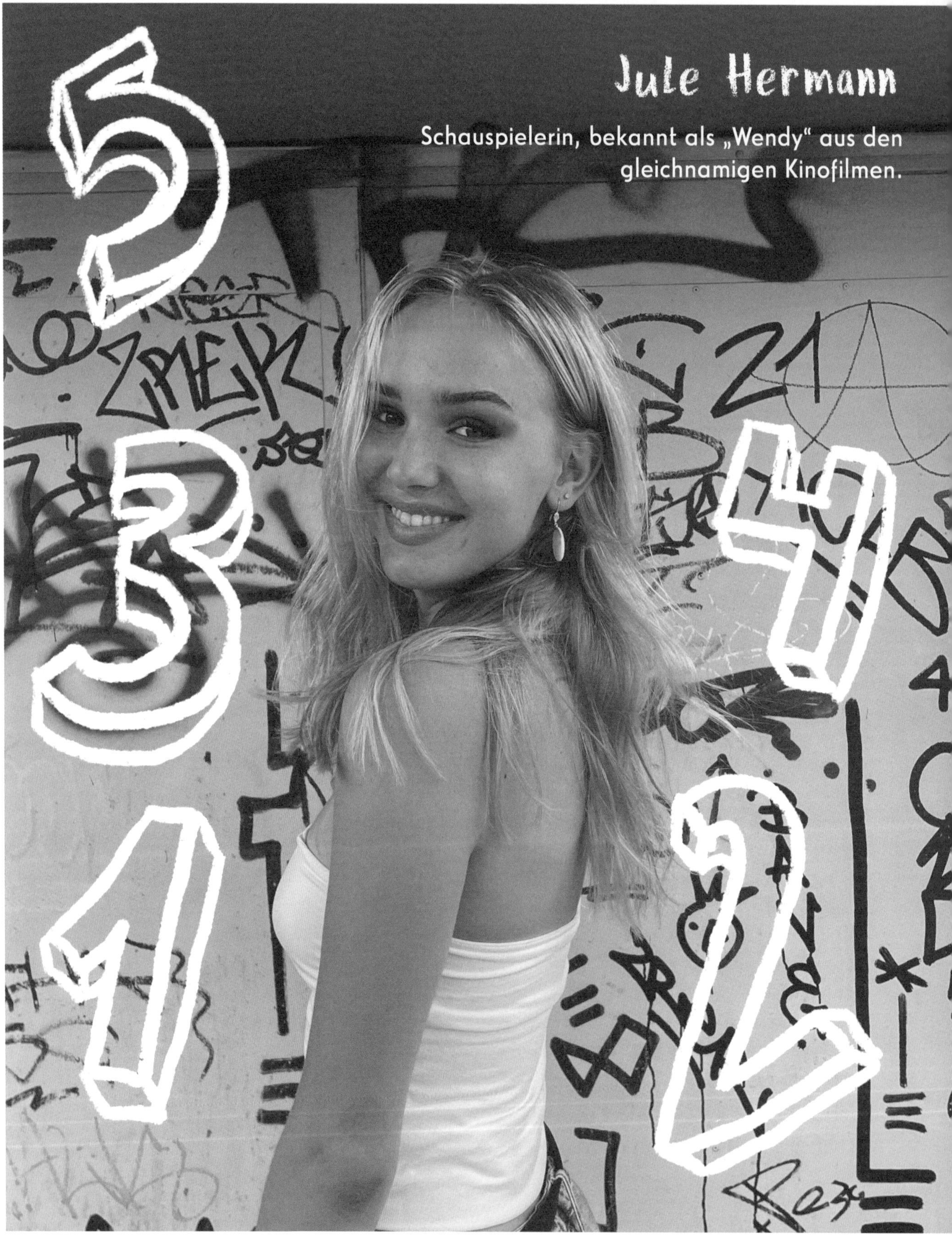

Angst ist wie ein Wecker, der dich wachsam macht.

Kennst du das, wenn du immer und immer wieder denselben gruseligen Traum hast? Ich hatte als Kind so einen. In dem Traum war ich in einem dunklen Raum, und es lief ein Fernseher, in dem aber nur dieses schwarz-weiße Flackern zu sehen war. Davor stand ein Sessel, und ich wusste, dass darin irgendeine böse Kreatur saß. Der Sessel drehte sich langsam zu mir um, aber noch ehe ich sehen konnte, wer sich hinter der riesigen Lehne verbarg, wachte ich vor lauter Angst auf, rannte zu meinen Eltern und habe mich mit klopfendem Herzen zwischen sie gequetscht. Irgendwann hatte ich den Traum zum Glück nicht mehr, aber er hat mir etwas Wichtiges über Angst klargemacht: Die Angst hat mir nicht nur geholfen, aus dem Schlaf aufzuwachen, sie macht auch sonst sehr wachsam. Wenn ich nachts zum Beispiel alleine unterwegs bin, dann sind alle meine Sinne total auf Empfang. So ähnlich ist es auch mit nicht ganz so greifbaren Ängsten. Zum Beispiel weiß ich, dass mein Beruf als Schauspielerin in meinem Alter nicht ungefährlich ist. Immer verschiedene Rollen zu spielen, macht es nicht gerade einfacher, sich selbst zu finden, so, wie man ist. Dass ich Angst davor habe, mich in diesem Job zu verlieren, macht mich vorsichtig und wachsam. Und ganz ehrlich? Dafür bin ich auch irgendwie dankbar.

Ich bin der Angst auch dankbar.

Geheimtipp:

Angst ist nichts Schlechtes, aber wenn sie zu überwältigend wird, hilft das 5-4-3-2-1-Spiel. Das geht so: Denk an fünf Menschen, die du liebst, vier Lebensmittel, die du hasst, drei Dinge, die du auf eine einsame Insel mitnehmen würdest, zwei Geschenke, die du dir zu Weihnachten wünschst und an einen Ort, an dem du jetzt gerne wärst … Und? Wirkt Wunder, oder?

Prof. Dr. Borwin Bandelow
Psychologe, Psychiater, Neurologe und Deutschlands bekanntester Angstforscher

Du bist klüger als deine Angst!

Als kleiner Junge war ich sehr schüchtern. Wenn ich im Laden Milch holen sollte, habe ich oft kein Wort rausbekommen, bis die Verkäuferin sich erbarmte und mir die Kanne einfach füllte. Heute trete ich als Angstforscher so häufig auf Bühnen oder im Fernsehen auf, dass es mir gar nichts mehr ausmacht, mit fremden Menschen zu sprechen. Gewöhnung hilft nämlich am allerbesten gegen Angst. Damit man sich daran gewöhnen kann, muss man sich aber natürlich erst mal überwinden. Um das zu schaffen, ist es gut, die Angst ein bisschen besser zu verstehen.

Es gibt einen Teil unseres Gehirns, der für die Angst zuständig ist und uns vor Gefahren warnen soll. Dieser Teil ist nicht besonders schlau, sondern – ehrlich gesagt – doof wie ein Huhn. Er schlägt auch Alarm, wenn keine Gefahr droht. Zum Beispiel glaubt er, dass Spinnen giftig sind. Alle. Ein anderer, viel schlauerer Teil des Gehirns weiß aber, dass es bei uns gar keine giftigen Spinnen gibt. Und so kämpfen diese beiden Teile des Gehirns oft miteinander.

Angst ist etwas Wunderbares.

Weil das Angstgehirn unser Überleben sichern soll, gewinnt es manchmal haushoch, und dann fassen wir die Spinne nicht an, obwohl sie harmlos ist. Um Angst zu überwinden, müssen wir also vor allem verstehen, dass man mit seinem gesamten Gehirn klüger ist als mit dem kleinen Angstzentrum allein.

Geheimtipp:

Angst ist etwas Wunderbares, weil sie uns beschützt. Sie arbeitet den ganzen Tag für uns und hält uns dauernd davon ab, uns in Gefahr zu bringen. Manchmal übertreibt sie aber, weil sie eine Situation nicht ganz versteht. Wenn du in diesen Momenten den Rest deines Gehirns bittest, der Angst deine Lage ganz genau zu erklären, hilft dir das sehr, dich etwas zu trauen oder dich zu beruhigen.

Lotta

verbringt ihre Zeit am liebsten am Meer, im Freibad oder auf den wildesten Achterbahnen.

Ich habe gegen die Angst einen echten Wolfshund gestreichelt.

Tagsüber bin ich eher mutig. Ich traue mich fast alles, weiß, mich zu verteidigen, und fahre Looping-Achterbahnen, in denen selbst mein Papa weiche Knie bekommt. Wenn allerdings abends die Sonne untergeht, sieht alles anders aus. Dann starre ich vom Bett aus durch die Dunkelheit und stelle mir vor, dass draußen ein riesiges Raubtier ums Haus streift. Am schlimmsten ist es, abends eine Wasserflasche von der Terrasse zu holen. Meist schicke ich meinen kleinen Bruder vor, und das fühlt sich ganz schön lächerlich an.

Sein Fell war ganz weich und kuschelig.

Früher hatte ich vor allem Angst vor Wölfen, die gibt es hier in Niedersachsen ja wirklich, aber das ist etwas besser geworden, seit ich auf dem Bauckhof mal einen echten Wolfshund streicheln durfte. Er hieß Ego, war riesig und sah gefährlich aus. Außerdem hat der Mann dort gesagt, dass mein kleiner Bruder auf den Arm muss, weil er ihn für Beute halten könnte. Aber Egos Fell war so weich und kuschelig, und seine Augen sahen so lieb aus, dass ich gar keine Angst mehr haben konnte. Blöd nur, dass man Löwen, Tiger, Haie und Panther nirgends streicheln kann. Obwohl das vielleicht auch besser so ist …

Dein Patentipp

Liebe Lotta,
wie du an deiner Angst vor Wölfen gearbeitet hast, war clever und mutig. Echte Raubtiere zu streicheln, wäre allerdings tatsächlich keine gute Idee. Man kann sich ihnen aber auch näher fühlen, indem man Wissen sammelt. Wenn du viel über Tiere weißt, wird aus Angst Respekt und aus Respekt Faszination. Und Faszination fühlt sich sehr viel besser an!
Alles Gute, Lotta!

Deine Angstpatin
Dr. Ornella Céline Weideli, Haiforscherin

DIKKA

Musiker und Nashorn

Lade die Angst zu deinem Kindergeburtstag ein!

Als ich klein war, hatte ich oft Angst, vergessen zu werden. Wenn meine Mutter zum Beispiel gesagt hat, dass sie mich abholt, und dann aber ein paar Minuten zu spät dran war, habe ich direkt daran gezweifelt, ob sie überhaupt kommt. Ich brauchte als Kind sehr viel Sicherheit und kam auch gar nicht damit klar, wenn mich jemand nicht leiden konnte. Wenn mich von 100 Kindern 99 gemocht hätten, eines aber nicht, dann hätte ich alles dafür getan, dieses eine Kind von mir zu überzeugen. Insgesamt habe ich bis heute nicht verstanden, warum Menschen gemein oder doof zueinander sind. Letzten Endes wollen wir doch einfach alle nur gesehen und geliebt werden. Mittlerweile konzentriere ich mich aber eher auf all das Gute in der Welt und in meinem Leben, anstatt an den schlechten Dingen zu verzweifeln. Ich will in erster Linie ein guter Papa sein und weiter Musik und Texte schreiben, die Kinder stark machen. Es macht mich glücklich, wenn ich andere glücklich machen kann, auch wenn es nur 99 sind und nicht 100. Die wichtigste Liebe findet man sowieso nicht außen, sondern in sich selbst. Ich habe gelernt, mir selbst ein Freund zu sein. Ich würde auch sofort mit mir allein ins Kino gehen. Aber leider hab ich verdammt selten Zeit …

Geheimtipp:

Gerade in Gefahrensituationen ist Angst die allerbeste Freundin, die du haben kannst. Sie beschützt und warnt dich, wann immer du sie brauchst. Wahrscheinlich ist sie aber auch ein bisschen einsam, weil so viele vor ihr weglaufen. Du könntest sie zur Abwechslung ja mal umarmen und sie vielleicht sogar zum nächsten Kindergeburtstag einladen, um ihr zu zeigen: „Es ist okay, dass du Teil meines Lebens bist."

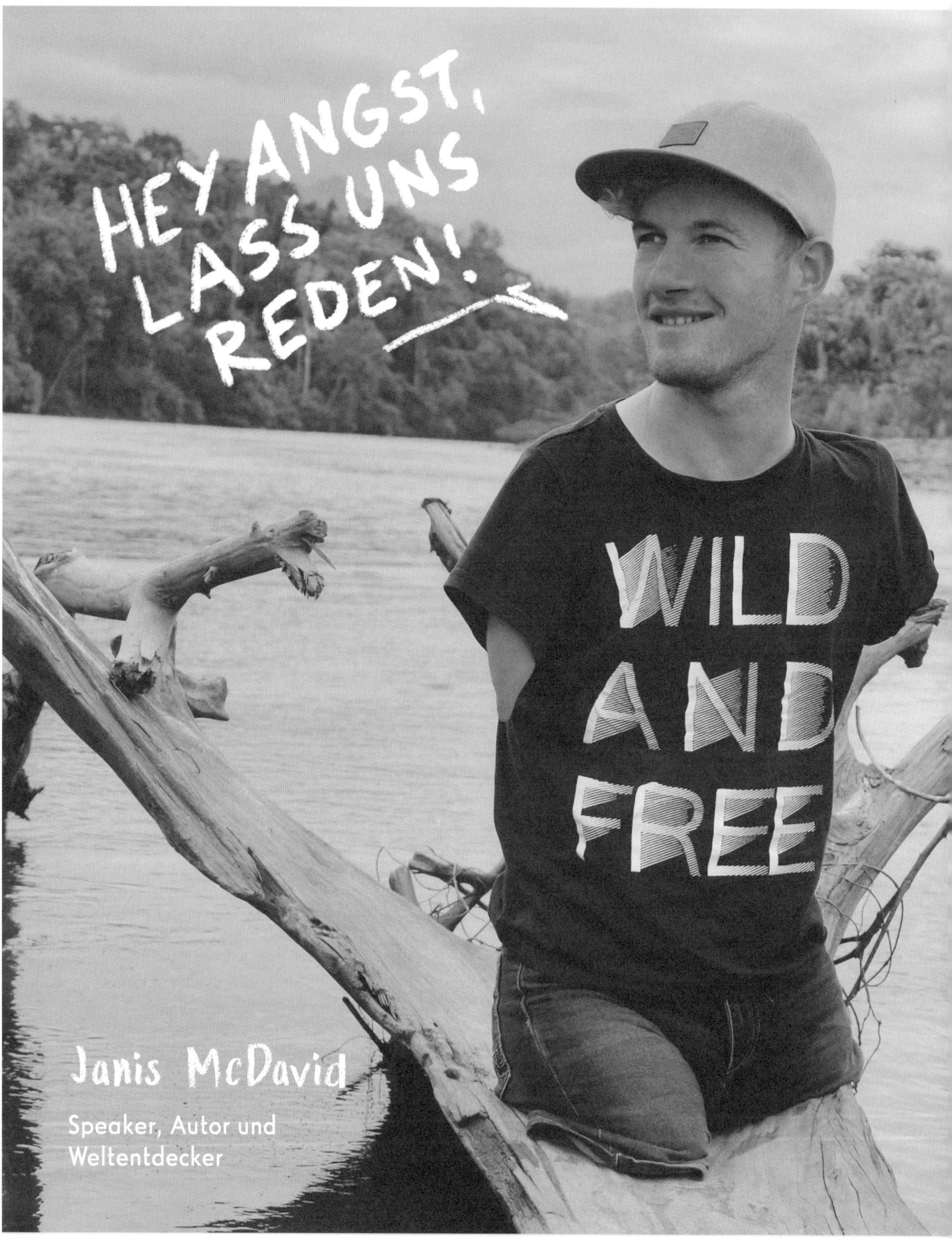

Hey Angst, lass uns reden!

Janis McDavid

Speaker, Autor und Weltentdecker

Sprich mit der Angst wie mit einem Freund!

Wenn man mir als Kind gesagt hätte, dass ich später mal vor Tausenden Menschen spreche, mit meinen Freunden die ganze Welt bereise und auf den Gipfel des höchsten Bergs Afrikas steige, dann hätte ich das für einen schlechten Scherz gehalten. Meine Ängste hätten nichts von alledem zugelassen. Ich hatte früher nämlich nicht nur Höhenangst, ich habe es auch gehasst, mit Fremden zu sprechen. Warum also sollte ausgerechnet ich mich auf eine Bühne stellen? Ich, der ich ohne Arme und Beine geboren wurde, und es so leid war, angestarrt zu werden? Und überhaupt – welche Träume und Wünsche waren überhaupt für mich erfüllbar? In meinem Kopf gab es unendlich viele Grenzen!

Ich muss ungefähr 17 gewesen sein, als ich diese Grenzen hinterfragte und die Entscheidung traf, mich selbst so zu lieben, wie ich bin. Das war zwar nur ein erster Schritt, aber heute gehe ich ganz anders mit mir, meinen Träumen und meinen Ängsten um als früher. Hat es mir Angst gemacht, mich in einem Rucksack befindend auf den Gipfel des Kilimandscharo zu kämpfen? Natürlich! Ich war so abhängig davon, dass meine Freunde keinen falschen Schritt machten, dass es mich manchmal fast wütend gemacht hat. Aber ich habe auf dieser und allen anderen Reisen so viel über mich, über Freundschaft und die Welt gelernt, dass es letzten Endes jede Minute der Angst wert war!

Geheimtipp:

Sprich mit der Angst. Sie will dich beschützen, und das ist toll. Wenn du ihr zuhörst, ihr erzählst, wie du dich fühlst, und sie auch mal freundlich in die Schranken weist, behandelst du sie wie eine gute Freundin. Wetten, sie dankt dir, indem sie auch mit dir ganz freundschaftlich umgeht?

Florian Sprater

Kinder-Yogalehrer und
Kinderbuch-Autor

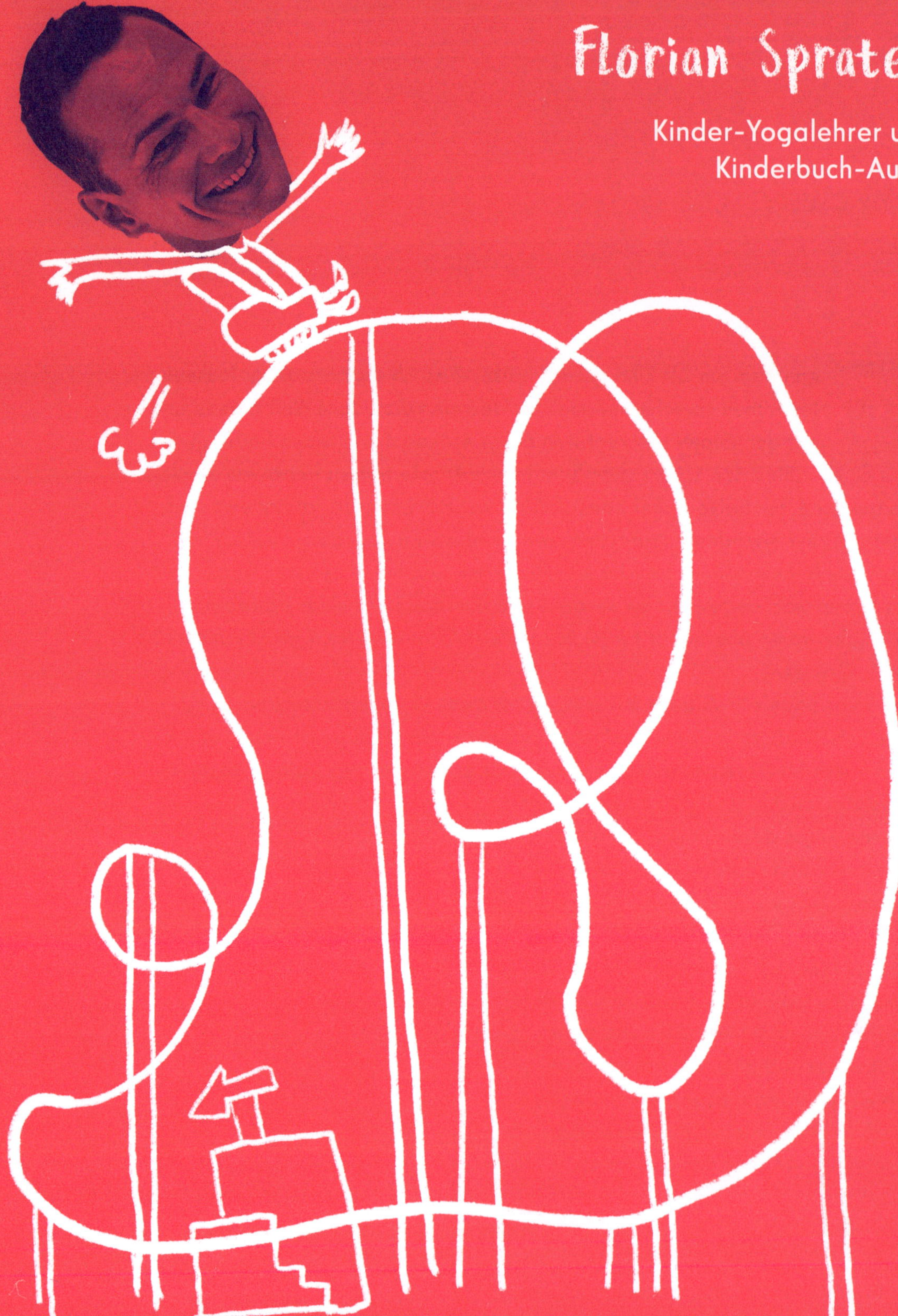

Achterbahn der Gefühle? Eine einfache Yogaübung wirkt Wunder!

Warum manche Menschen so viel Spaß beim Achterbahn fahren haben, konnte ich früher nie verstehen. Als Kind hat es mir schon gereicht, vor einer Achterbahn zu stehen, da wäre mir im Leben nicht eingefallen, auch noch damit zu fahren. Selbst die harmlosesten Fahrgeschäfte haben mir Angst eingejagt, weil ich mir die verrücktesten Gedanken machte. Ich habe mir zum Beispiel vorgestellt, dass genau meine Kette am Kettenkarussell reißt oder dass ich stolpere und aus dem Riesenrad segle. Das war echt beängstigend!

Vor den großen Achterbahnen habe ich noch immer etwas Angst. Trotzdem wollte ich einmal das Gefühl spüren, das so viele Menschen lieben. Also stellte ich mich mutig mit meinen Freunden in die Warteschlange für eine wilde Achterbahn. Ich nutzte die Wartezeit, mich mit einer Yoga-Entspannungsübung zu beruhigen. Das muss von außen ein bisschen lustig ausgesehen haben, aber es hat gewirkt. Und was soll ich sagen? Die Fahrt war großartig! Ich schrie, krallte mich am Bügel fest und hatte einen Riesenspaß. Danach war ich so voller Adrenalin, dass ich mich in meiner Begeisterung direkt noch mal anstellte. Ich war sehr stolz auf mich, dass ich mich meinen Ängsten gestellt hatte!

Geheimtipp:

Das klingt jetzt sehr einfach, aber diese Yoga-Nidra-Übung wirkt Wunder gegen Ängste: Umfasse mit der linken Hand einmal fest und ganz bewusst den rechten Daumen und dann jeden weiteren Finger der rechten Hand bis zum kleinen Finger. Dabei murmelst du leise den Namen jedes Fingers. Danach machst du dasselbe an der anderen Hand. Wiederhole das ein paarmal, und du wirst sehen: Die Angst wird immer kleiner und kleiner.

Peter Maffay
Musiker, Autor und Vater
des kleinen Drachen
Tabaluga
SANSIBAR

Finde einen Anker in der Dunkelheit!

Ich kann mich nicht erinnern, dass ich als Kind viel Angst hatte. Ich glaube, das liegt auch daran, dass ich eigentlich nie alleine war. Wir hatten in Rumänien als Familie nur einen einzigen Raum, in dem wir wohnten und auch schliefen. In diesem Zimmer gab es einen Kamin mit einem Feuer. Ich erinnere mich, dass ich dieses Feuer immer von meinem kleinen Gitterbettchen aus beobachtet habe. Vielleicht hat Feuer deshalb auf mich noch heute eine sehr beruhigende Wirkung. Es vermittelt mir sofort ein Gefühl von Wärme und Geborgenheit.

Geheimtipp:

Wenn du die Dunkelheit mit deinen Augen nicht durchdringen kannst, such dir einen Anker, der dir Sicherheit gibt. Für mich war es das Feuer, für meine Tochter sind es die Geräusche, die wir im Wohnzimmer machen. Vielleicht ist es bei dir aber auch ein Kuscheltier, ein Lied oder eine Geschichte, die dir noch durch den Kopf geht. Was könnte dein Anker in der Dunkelheit sein?

Einmal, als ich mit den Nachbarskindern Verstecken gespielt habe, sperrten sie mich in einen Schrank ein. Es war dunkel, und ich kam da nicht allein wieder raus, das war für mich wirklich beängstigend. Ich kann mir also gut vorstellen, dass Dunkelheit Kindern ganz schön Angst machen kann, wenn sie alleine schlafen. Es ist hier und heute ja auch nicht so, dass die Dunkelheit wie in der Natur langsam kommt und man sich daran gewöhnen kann. Wenn die Eltern das Licht ausmachen, ist das sehr plötzlich. Ich kenne das von meiner Tochter Anouk. Wir versuchen ihr dann immer die Sicherheit zu geben, dass jemand in der Nähe ist und auf sie aufpasst, während sie schläft.

Astrid Kracht
Grundschulleiterin

Alles, was du brauchst, steckt in dir!

In meiner Grundschulzeit war mein Schulweg genau 234 Schritte lang. Aber als ich in die weiterführende Schule im Nachbarort kam, wurde mein Weg viel länger und ganz schön spannend. Ich musste mit dem Fahrrad an Wiesen und einem kleinen Bach entlang, den Dortmund-Ems-Kanal überqueren und durch kleine Wäldchen fahren. Oft ganz alleine. Tagsüber war das okay, aber besonders im Winter, wenn es morgens noch stockdunkel war, habe ich mich richtig doll gegruselt. Da leuchteten ja nicht mal Straßenlaternen, und ich habe mir vorgestellt, dass es Waldräuber und andere Schurken auf dem Weg geben könnte.

Ich dachte mir damals: Eigentlich ganz gut, dass es dunkel ist. So kann auch der Waldräuber nicht sehen, dass ich alleine bin. Also habe ich meine Stimme verstellt und Gespräche mit mir selbst geführt, so als ob ich zu zweit wäre. Das waren richtige Theaterstücke mit schützenden Wesen, die ich mir selbst ausgedacht habe. Manchmal habe ich sogar laut gesungen, damit auch ja jeder weiß: Ich habe keine Angst! Ich bin beschützt! Und dieses Gefühl trage ich bis heute in mir ...

Geheimtipp:

Nichts hilft besser gegen Angst als Selbstvertrauen und der feste Glaube, dass du immer irgendeine Lösung finden kannst. Wenn dir das in manchen Momenten der Angst schwerfällt, stell dir schützende Wesen vor, die in dir und um dich herum schwirren. Sie sind ein ganz wichtiger Teil von dir und werden immer auf dich aufpassen! Wie sehen deine schützenden Wesen aus und was machen sie gerade Lustiges?

Tina Hellwig

Kinder- und Jugendlichenpsychotherapeutin, Coach für Mamas

Kinderzeit ohne Eltern ist so wichtig wie Erwachsenenzeit ohne Kinder.

Kennst du das, dass du etwas richtig Schönes vorhast, wie eine Übernachtung bei Freunden, eine Klassenfahrt oder eine Ferienfreizeit, und dann einfach so, ganz ohne Einladung, die Angst anklopft? Also, ich kenne das aus meiner Kindheit leider richtig gut. Selbst wenn ich losfuhr, konnte ich die Zeit oft gar nicht richtig genießen. Ich habe mich immer gefragt, ob es meinen Eltern gut geht, was sie wohl ohne mich machen und ob alles noch beim Alten ist, wenn ich wiederkomme. Manchmal wurden die Sorgen so groß, dass ich einfach nur nach Hause wollte und mich abholen ließ. So habe ich auf viele schöne Momente verzichtet, aber meine Eltern haben sich dummerweise gar nicht darüber gefreut …

Kinder brauchen Zeit ganz für sich.

In meiner Praxis treffe ich häufig Kinder, die genau die gleichen Ängste haben wie ich früher. Oft liegt das daran, dass sie sich nicht so ganz sicher sind, ob die Erwachsenen zu Hause gut zurechtkommen. Ich erkläre den Kindern dann, dass Erwachsene sogar Zeit brauchen, in denen sie mal keine Kinder um sich haben, um die sie sich kümmern. Genauso brauchen Kinder Momente, in denen sie sich mal ganz ohne ihre Eltern erleben, denn das lässt Kinder wachsen, macht sie stark und selbstbewusst.

Geheimtipp:

Vertrau darauf, dass die Erwachsenen ihre Probleme ohne dich lösen. Du bist ein Kind, kannst ihnen also gar nicht dabei helfen. Stell dir vor, dass du in deiner Eltern-Pause ganz viel Glück auftankst und das danach wie ein Geschenk mit nach Hause bringst. Sehr wahrscheinlich tanken auch deine Eltern in der Erwachsenenzeit auf. Es wird also doppelt schön, wenn ihr euch wiederseht und all das aufgetankte Glück miteinander teilt.

Florian Sump

Musiker, Rapper bei DEINE FREUNDE

Die Angst wird kleiner, wenn du sie teilst.

Als ich klein war, wohnten wir in einem großen Wohnblock. In unserem Haus gab es einen Waschkeller für die Bewohner, von dem noch ein kleiner dunkler Kellerraum abging. Diesen Raum fand ich supergruselig, weil es in der Wand ein riesiges Loch mit einem Hohlraum dahinter gab. Man konnte in dieses Loch reinklettern, wenn man sich traute, aber natürlich habe ich mich das nicht getraut.
Ich habe mich ganz schön geschämt und dachte, dass es ziemlich uncool ist, vor einem Keller Angst zu haben. Aber eines Tages habe ich es meinen Freunden doch erzählt und habe erfahren, dass es den anderen ganz genauso ging wie mir. Als wir das mal alle zugegeben hatten, war es viel leichter, sich zusammenzutun und gemeinsam in diesen Raum reinzugehen. Wir haben uns alle in das Loch gestellt und sind dann lachend und schreiend wieder rausgerannt. Na klar hatte ich immer noch Bammel, aber gemeinsam ließ sich das viel besser aushalten.

Geheimtipp:

Egal, wovor du Angst hast, rede besser drüber. Vielleicht kennen die anderen nicht genau DIESE Angst, die du hast, aber irgendeine kennen sie bestimmt. Ich bin mir jedenfalls sicher: Die Angst wird kleiner, wenn du sie teilst.

Noah

genießt das Leben mit seinem gleichgroßen, jüngeren Bruder am liebsten sportlich, mit Musik, Tanz und vielen Menschen um sich.

Ich habe Angst vor dem Tod, weil das Leben so schön ist.

Manchmal mache ich mir Gedanken über den Tod. Ich kann mir einfach nicht vorstellen, dass es irgendwann okay für mich sein könnte, zu sterben. Dafür mag ich das Leben viel zu gerne. Ganz besonders, wenn es laut und cool und lustig ist. Wenn ich tot wäre, würde mir so viel fehlen! Meine Familie zum Beispiel, aber auch das Tanzen, das Fußballspielen und all meine Freunde natürlich. Eigentlich habe ich noch nicht so richtig viel Erfahrung mit dem Tod. Meine Uroma ist gestorben, als ich noch sehr klein war. Aber meine Verwandtschaft aus dem Kongo schickt manchmal Videos von Beerdigungen, oder wir telefonieren mit Leuten, bei denen jemand gestorben ist. Ich glaube, in Afrika ist es ein bisschen anders als hier. Wenn jemand stirbt, kommen alle tagelang zusammen, und es wird viel darüber geredet. Daher weiß ich auch, dass die meisten Menschen Angst davor haben, zu sterben oder jemanden zu verlieren.

Dein Patentipp

Lieber Noah,
dass du jeden Tag so liebst, zeigt mir, dass in deinem Leben ganz viel total richtig läuft. Du bist schon jetzt so achtsam und dankbar für die Fülle um dich herum, das ist beeindruckend! Aus diesem Moment der Lebensfreude ist es unvorstellbar, dass Menschen nach einem langen, vollen Leben irgendwann müde werden und Frieden mit dem Tod schließen. Das ist höchstwahrscheinlich noch eine Ewigkeit von deinem Jetzt entfernt! Aber weißt du was? Dass der Tod kein Tabuthema im Kongo ist, kannst du als ein riesiges Geschenk sehen! Du wirst mit deinen Sorgen darüber immer zu jemandem gehen können. Das nimmt dir die Angst nicht ganz, aber es macht dich auf jeden Fall weniger einsam. Bleib so achtsam, Noah!

Deine Angstpatin Tina Hellwig,
Psychotherapeutin

Dr. Mareike Awe
Ärztin und Unternehmerin

Stell dir vor, du hättest es längst geschafft!

Ich hatte früher große Angst davor, nicht gut genug zu sein. Ganz genau kann ich gar nicht sagen, wie ich auf diesen Gedanken kam, wahrscheinlich gab es mehrere Gründe. Jedenfalls wollte ich auf keinen Fall meine Lehrerin verärgern, wollte niemanden enttäuschen und dachte, ich müsse immer alles perfekt machen. Leider gelang mir das nicht: Meine allererste Schulnote war zum Beispiel eine Vier in Kunst. Heute wundert mich das gar nicht mehr, denn um etwas Schönes zu erschaffen und um sich etwas Tolles auszudenken, braucht man vor allem Vertrauen in sich selbst.
Alles wurde besser, als ich irgendwann beschloss, Ärztin zu werden, um anderen Menschen zu helfen. Dieser Wunsch war einfach noch viel stärker als meine Angst, und ich fühlte jeden Tag mehr, dass ich es schaffen kann. Ich lernte, mir genau vorzustellen, wie es sein würde, als Ärztin Gutes zu tun. Und je besser es mir gelang, mich in mein zukünftiges Wunsch-Ich hineinzuversetzen, desto größer wurde mein Vertrauen in mich und meine Zukunft. Mit diesem „Trick" habe ich übrigens auch meine Abschlussprüfung mit einer Eins bestanden. Ich habe mir einfach vorgestellt, ich wäre längst eine fertige Ärztin, und war deshalb gar nicht mehr nervös.

Geheimtipp:

Wenn du Angst hast, etwas nicht zu schaffen, schließ deine Augen und stell dir ganz fest vor, du hättest dein Wunschziel längst erreicht. Wie fühlst du dich in deiner Vorstellung? Glücklich? Stark? Voller Selbstvertrauen? Dann öffne deine Augen wieder und nimm dieses Gefühl mit ins Hier und Jetzt. Glaub mir, mit dieser Fülle in deinem Herzen kannst du Unglaubliches erreichen! Ganz ohne Angst und in dem festen Wissen: Du bist liebenswert! Und zwar vollkommen unabhängig davon, ob etwas gut klappt oder nicht.

Andreas Welk

Pilot, der um die ganze Welt fliegt

In Gedanken kannst du üben, Gefahren abzuwehren!

Früher, als ich klein war, hatte ich Monster unter meinem Bett. Ich hab sie zwar nie gesehen, aber ich war mir sehr sicher, dass sie da wohnten. Noch viel mehr Angst haben mir aber Hunde gemacht, und die liefen mir leider ständig über den Weg. Ehrlich gesagt, mache ich heute noch manchmal einen Bogen um sie. Deshalb kann ich auch gut verstehen, warum Leute Angst vor dem Fliegen haben. Wenn man nicht weiß, wie es im Cockpit läuft, ist das sicher ähnlich wie mit Hunden und Monstern: Man hat keine Kontrolle über die Situation und das kann Angst machen. Ich als Pilot habe im Cockpit nie Angstschweiß auf der Stirn, weil ich in allen Fällen ganz genau weiß, was ich zu tun habe. Viele Piloten machen wie ich regelmäßig „chair flying", also so etwas wie Trockenübungen. Wir schließen dann unsere Augen und stellen uns alle möglichen Situationen vor. Auch gefährliche. In Gedanken gehen wir dann genau durch, was zu tun ist. Das machen wir regelmäßig, damit wir nie lange nachdenken müssen, wenn wirklich mal etwas passiert. Das ist einer von vielen Gründen, warum Flugzeuge sehr sichere Verkehrsmittel sind.

Viele Piloten machen regelmäßig Trockenübungen.

Geheimtipp:

Angst hat oft damit zu tun, dass man nicht in der Lage ist, die Situation zu kontrollieren. Es hilft also, sich einen ganz genauen Plan zu überlegen, was man machen würde, wenn das passiert, wovor man Angst hat. Denn Trockenübungen in Gedanken klappen nicht nur beim Fliegen. Ich zum Beispiel habe schon hundertmal in Gedanken einen riesigen Hund abgewehrt. Was könntest du mal in Gedanken üben, um die Angst zu besiegen?

Pamela Dutkiewicz-Emmerich

Medaillen-Gewinnerin im
Hundert-Meter-Hürdenlauf, WM 2017

Sorge dafür, dass jemand in Gedanken bei dir ist.

Ich muss nicht lange darüber nachdenken, wovor ich als Kind Angst hatte, denn ich erinnere mich noch sehr gut, wie viel Platz die Angst vor dem Alleinsein damals eingenommen hat. Wenn ich wusste, dass meine Mutter mittags nicht zu Hause sein wird, bin ich morgens schon mit Bauchschmerzen in die Schule gegangen. Manchmal habe ich sogar geträumt, dass ich den Weg nach Hause nicht finde, weil er sich einfach verändert hat und unser Haus plötzlich gar nicht mehr unser Haus war. Dabei war der Weg total kurz, wir wohnten nur ein paar Meter neben der Schule. Aber die Angst fragt ja leider nicht, ob sie Sinn macht oder nicht.

Dieses kleine Wesen war meine Rettung.

Meine Eltern haben damals nicht verstanden, wie schlimm das für mich war, und ich hab mich ganz schön alleine gefühlt. Doch dann änderte sich von einem auf den anderen Tag alles: Ich bekam einen Wellensittich. Er hieß Conny und hat nur Mist gemacht. Einmal ist er zum Beispiel in Window-Color-Farbe geflogen und war ganz bunt verklebt. Aber im Rückblick gesehen, war dieses kleine Wesen meine Rettung. Allein die Tatsache, dass Conny auf mich wartete, dass jemand von Bedeutung zu Hause war, hat mir alle Angst mit einem Schlag genommen. Und weißt du, was lustig ist? Heute liebe ich das Alleinsein! Als Sportlerin ist es eine wichtige Kraftquelle, einfach ganz für mich zu sein. Ich bin also letzten Endes sehr froh, dass ich das durch Conny gelernt habe.

Geheimtipp:

Wenn du Angst vor dem Alleinsein hast, sorge dafür, dass jemand wenigstens in Gedanken bei dir ist. Wenn du kein Haustier halten kannst, hilft auch ein fest geplantes Telefonat mit Oma, Opa, einem Freund oder einer Freundin.

Bürger Lars Dietrich

Kindermoderator und Musiker

Weck die Superkräfte in dir!

Ich bin in der ehemaligen DDR aufgewachsen, also einem Teil von Deutschland, der früher ein eigenes Land war. Manche Dinge waren dort ein bisschen anders als im westlichen Teil, zum Beispiel hatten die meisten – wie auch wir – kein Telefon zu Hause. Das war normalerweise kein Problem, aber wenn ich als Kind abends allein bleiben sollte, war es beängstigend, ganz auf mich gestellt zu sein. Ich erinnere mich, dass ich einmal nachts im Pyjama panisch weinend auf die Straße gerannt bin und mich eine Nachbarin wieder nach oben ins Bett gebracht hat. Sie blieb dann bei mir, bis meine Eltern wiederkamen. Dafür bin ich ihr heute noch dankbar.

Kindersendungen waren früher teilweise echt gruselig.

Richtig gruselig fand ich auch viele Sachen, die im Fernsehen gezeigt wurden. Die „Sesamstraße“ oder „Jim Knopf und die Wilde 13“ zum Beispiel waren zwar tolle Kindersendungen, aber teilweise echt gefährlich. Ich habe mir als Kind auch immer vorgestellt, dass diese Plüschmonster aus der „Sesamstraße“ mir im Keller auflauern und mich erschrecken wollen. Heute mache ich selbst Fernsehen für Kinder und passe sehr genau auf, dass möglichst niemand Albträume oder Kellerängste durch unsere Sendungen bekommt. Ich hoffe immer sehr, dass uns das gelingt.

Geheimtipp:

Stell dir vor, dass du ein richtig starker Superheld oder eine richtig starke Superheldin bist. Wie ist deine Körperhaltung? Was sind deine Superkräfte? Was machst du bei Gefahr? Wenn du dich richtig in deine Rolle reindenkst, wirst du von Sekunde zu Sekunde immer stärker und mutiger. Ich habe das als Kind oft ausprobiert und verspreche dir: Es funktioniert wirklich!

Felicitas Horstschäfer

Gestaltet und illustriert Bücher, auch dieses.

Finde einen Menschen, der dir zuhört!

Ich war 13 oder 14 Jahre alt und saß wegen irgendeiner Nebenhöhlengeschichte beim HNO-Arzt auf dem Behandlungsstuhl. Aus dem Nichts fing er an, mein Ohr an den Kopf zu drücken und es dann wieder loszulassen, sodass es nach vorne schnellte. Er kommentierte das mit den Worten: „Da kann man was dran machen." Später erfuhr ich, dass er auch Schönheitsoperationen anbot. Bis zu dem Moment war ich nicht auf die Idee gekommen, dass meine Ohren ein Problem sein könnten, an dem man „was machen" müsse. Ich begann, mir Sorgen darüber zu machen, ob ich schön genug bin. Umso mehr freute es mich, dass mein erster Freund mir irgendwann sagte, ich sei ihm wegen meiner Ohren aufgefallen, ein Detail, das er sehr an mir mochte. Was ich für ein Problem hielt, fand er also besonders schön an mir. Und ich kann ihn so gut verstehen, denn bei anderen Leuten liebe auch ich es, Besonderheiten zu entdecken. Lustige Sommersprossen zum Beispiel oder große Nasen. Seltsam, dass es uns bei uns selbst manchmal so schwerfällt, unsere besonderen Merkmale gut zu finden. Ich habe mittlerweile Freundschaft mit meinen Ohren geschlossen. Unter meinen kurzen Haaren kann ich sie eh nicht verstecken. Und das ist gut so, denn wir wissen ja: Meine Ohren sind mein besonderes Detail!

Geheimtipp:

Wenn dir etwas Angst macht, such dir einen Menschen, der dir zuhört. Das kannst sogar du selbst sein. Ich sitze jeden Morgen erst einmal zwanzig Minuten lang ruhig da und höre meinen Gedanken zu. Probiere es mal aus. Es ist total spannend und hilfreich!

Alexander Hartmann

Mentalist, Speaker und Hypnose-Ausbilder

Wo Glück ist, hat Angst nicht viel Platz.

Als Kind hatte ich ganz klassisch Angst in der Dunkelheit, vor allem vor Einbrechern oder dass sich jemand im Schrank versteckt. Ich glaube, es gibt ein paar ungeschriebene Einschlaf-Angst-Gesetze, die bei fast jedem Kind gelten: Sobald die Füße rausgucken, ist es deutlich gefährlicher, da ist man fast schon verloren. Wenn sie unter der Decke sind, kann eigentlich nichts passieren. Mit dem Gesicht zur Wand und dem Rücken zur Tür schlafen? Extrem gefährlich! Mit dem Gesicht zur Tür? Alles entspannt ...
Kommt dir das bekannt vor? Ich glaube, das kennen wirklich die meisten Kinder. Ansonsten habe ich zum Glück früher einen Fehler nie gemacht: Horrorfilme gucken. Einmal, da war ich etwa neun Jahre alt, haben wir auf einer Klassenfahrt eine Mutprobe gemacht: Wir mussten alleine ein Stück durch den Wald gehen. Die anderen Kinder hatten Angst vor ganz vielen Horrorgestalten, die sie in Filmen gesehen hatten. Ich kannte die alle gar nicht, von daher bin ich ganz entspannt durch den Wald gelaufen. Mir fehlten einfach die Bilder im Kopf, vor denen ich mich hätte gruseln können, und das war gut so. Ich passe übrigens auch noch heute gut auf, welche Bilder ich in welcher Menge in meinen Kopf lasse.

Geheimtipp:

Auch wenn es sehr einfach klingt: Schließ mal deine Augen und versuche, an einen besonders schönen oder besonders sicheren Moment zu denken. Hast du so einen Moment? Dann denk ganz fest an ihn, dreh die Farben in deiner Vorstellung kräftiger, mach die Bilder größer und heller, und versuche, mithilfe deiner Fantasie richtig in den Moment reinzukrabbeln. Das hilft, oder? Denn wo Glück ist, da hat Angst nicht viel Platz!

René Borbonus

Kommunikationsexperte,
Redner und Autor

Frag dich, was im schlimmsten Fall passieren kann.

Ich erinnere mich an einige Dinge, die mir in meiner Kindheit Angst gemacht haben. Ich hatte zum Beispiel ein paar Mitschüler, die andere Kinder geärgert und auch gehauen haben. Außerdem hatte ich manchmal richtig fiese Träume, weil manche Kindersendungen letzten Endes doch nicht so harmlos waren. Ganz besonders gut kann ich mich aber an eine Sache erinnern, die mich als Kind so richtig nervös machte: Referate halten. Das würde heute keiner mehr denken, denn mittlerweile stehe ich beruflich vor Tausenden Menschen auf einer Bühne und erzähle, wie man gute Reden hält. Aber früher war ich viel zu schüchtern für so was. Vor der Klasse zu sprechen war das Schlimmste für mich. Willst du wissen, wie ich meine Angst überwunden habe und in eine Stärke umgewandelt habe? Ich habe meine Referate einfach so gut vorbereitet und kleine Witze eingebaut, dass ich gar nicht anders konnte, als mich darauf zu freuen. So wurde ich ein immer besserer Redner und verlor meine Angst, weil ich wusste: Das wird richtig cool.

Geheimtipp:

Es ist fast unmöglich, sich gleichzeitig auf eine Sache zu freuen und schlimme Angst vor ihr zu haben. Je mehr Spaß und Freude du in etwas entdeckst, desto kleiner wird die Angst davor werden. Aber auf manche Dinge kann man sich beim besten Willen nicht freuen. Da hilft es dann sehr, sich einmal zu fragen: Was ist das Schlimmste, was passieren kann? Und was würde ich tun, wenn dieses Allerschlimmste passiert? Denn wenn du das weißt, hast du einen Plan in der Tasche, und das kann sehr beruhigend sein.

Leni Bolt

Life Coach und Mitglied
der Fab Five von
Queer Eye: Germany

Sieh dir die Sache mal mit anderen Augen an!

Ich habe schlimme Höhenangst, die hatte ich schon als Kind, und diese Angst begleitet mich leider bis heute. In meiner Heimatstadt gab es früher immer so eine Kirmes mit Fahrgeschäften. Für mich waren diese Kirmestage aber eher peinlich als toll, weil ich mich nur aufs Kinderkarussell getraut habe. Ich habe es wirklich versucht, mich auf die anderen Fahrgeschäfte zu wagen, aber dann kamen Bilder in meinem Kopf auf, dass ich irgendwo rausfalle, die Gondeln umkippen könnten oder ausgerechnet mein Wagen aus der Achterbahn fliegt.

Im Teeniealter war diese Angst plötzlich weg, aber als ich erwachsen war, kam sie leider wieder. Kirmes ist mir mittlerweile egal, aber ich finde es zum Beispiel noch immer stressig, ins Flugzeug zu steigen. Doch wenn man wie ich auf Mallorca wohnt, muss man diese Angst überwinden oder über zwanzig Stunden mit der Fähre und dem Auto fahren, um nach Deutschland zu kommen. Also arbeite ich an meiner Angst. Manchmal gehe ich an einem Flughafen spazieren und schaue mir an, wie all die Flugzeuge sicher starten und landen, oder schaue mir Flughafentafeln an. Das hilft wirklich. Direkt vor dem Flug stelle ich mir immer fliegende Vögel vor. Denn bei denen denkt ja auch kein Mensch: „Hilfe, die stürzen bestimmt gleich ab!"

Geheimtipp:

Ganz egal, wovor du Angst hast, versuch mal, es dir aus einer anderen Richtung oder mit anderen Gedanken anzusehen. Viele Sachen sind viel weniger Furcht einflößend, wenn man zum Beispiel ihren Sinn erkennt, sie bei Tageslicht betrachtet oder aber dem Gedanken eine Chance gibt, wie unwahrscheinlich es ist, dass wirklich etwas Schlimmes passiert.

Dr. Teresa Ngigi

Beraterin für psychische Gesundheit und psychosoziale Unterstützung in den SOS-Kinderdörfern weltweit

Mal deine Ängste auf Papier!

Durch meine Arbeit als psychologische Beraterin in den SOS-Kinderdörfern der Welt kümmere ich mich unter anderem um die Sorgen von Kindern, die im Krieg aufwachsen. Diese Kinder kennen Sicherheit gar nicht. Wie es sich anfühlt, wenn echte Gefahr droht und keiner so recht weiß, was zu tun ist, das haben Kinder und Erwachsene aus friedlichen Regionen 2020 durch das Coronavirus erfahren. Da haben viele Menschen richtig Angst bekommen, weil sie gefühlt gar keine Kontrolle mehr hatten und keiner wusste, wie schlimm es noch werden wird.

Angst ist kein falsches Gefühl.

Jetzt stabilisiert sich die Lage wieder, aber das gilt nicht für alle Kinder auf der Welt. In Kriegs- oder Katastrophengebieten ist es ja Tag für Tag gefährlich. Aber egal, wo ich ein Kind treffe, das Angst hat, ich frage nie: „Was hast du?", sondern immer: „Was ist dir passiert?" Das ist ein großer Unterschied, denn es ist wichtig, dass Kinder wissen: Deine Angst ist kein falsches Gefühl. Du hast einen Grund dafür! Im zweiten Schritt ist es wichtig, den Kindern beizubringen, wie sie wieder ein Gefühl von Kontrolle über ihr Leben bekommen. Jeder Mensch sollte die Chance auf ein gutes Leben haben, das nicht von seiner Vergangenheit bestimmt wird, sondern ganz allein von ihm selbst.

Geheimtipp:

Mal deine Angst oder das, wovor du Angst hast, so genau und groß auf, wie es nur geht. Schau dir deine gemalte Angst an und sag ihr, dass du mächtiger bist, als sie es je sein könnte. Leg dann das Bild an einen Ort, an dem du ein sicheres Gefühl hast, und immer, wenn die Angst dich wieder überfallen will, lass sie wissen, dass du das nicht zulässt. Wenn sie zu überwältigend erscheint, sprich mit einer Person deines Vertrauens, denn manchmal brauchen wir alle etwas Unterstützung.

Marie

liebt Tiere über alles und möchte später auf einem großen Bauernhof mit Tierarztpraxis mitten in der Natur leben, auf dem alle Tiere ein richtig schönes Leben haben.

Manchmal wache ich nachts auf und habe Angst!

Tagsüber habe ich nicht so oft Angst, aber abends, wenn es dunkel ist und ich im Bett liege, dann kommen bei mir ganz viele Gedanken hoch. Ich denke dann an Einbrecher oder was sonst noch alles passieren könnte …

Ich mache mir nicht nur um mich Sorgen.

Ganz besonders häufig mache ich mir Gedanken, was wäre, wenn es bei uns brennt. Mein Bruder lässt nämlich manchmal sein Handyladekabel am Stecker, wenn das Handy schon ab ist, und ich habe mal gehört, dass das gefährlich sein kann.

Wenn diese Gedanken kommen, versuche ich immer, mir einen Plan zurechtzulegen, was ich bei Feuer tun würde. Aber irgendwie hilft das nicht so richtig, weil ich mir ja nicht nur Sorgen um mich mache, sondern auch um meinen Bruder, meine Eltern und unsere beiden Meerschweinchen – Buddy und Luna. Vielleicht würde es ein bisschen helfen, wenn ich noch besser Bescheid wüsste, wie man sich bei einem echten Brand am besten verhält, damit keinem was passiert.

Dein Patentipp

Liebe Marie,

ich kann dich gut verstehen, und es ist super, dass du schon in deinem Alter mit auf Gefahrenquellen achtest. Der Stecker alleine ist allerdings gar nicht so ein Problem. Gefährlicher ist es, wenn das Handy über Nacht lädt. Angst musst du aber nicht haben. Wenn ihr in jedem Raum einen Rauchmelder habt, kannst du ganz entspannt schlafen. Sollte es brennen, wecken die Melder euch sofort, und ihr könnt das Haus rechtzeitig gemeinsam verlassen, noch bevor die Feuerwehr eintrifft. Natürlich mit Buddy und Luna! Alles Liebe und entspannte Nächte ohne Angst.

Dein Angstpate Karsten Schröder,
Feuerwehrmann

Malte Arkona
Moderator und
Musikvermittler
Höhö
HAha
Hihi
MUHAHA
HiHi

Stell dir vor, dass die Leute fröhlich lachen!

Wenn ich früher als Kind mit der Straßenbahn in die Schule oder zum Ballett fuhr, fand ich es immer ganz gruselig, wenn Menschen griesgrämig waren. Insgeheim habe ich mir dann immer ausgemalt, wie fies diese Menschen sein könnten und wie doof sie Kinder bestimmt finden. Um mich nicht zu sehr vor ihnen zu gruseln, habe ich irgendwann damit angefangen, mir vorzustellen, wie diese ernsten Menschen sich so richtig kaputtlachen. Das war wunderbar. Ich wünschte, die Leute wüssten, wie fröhlich sie in meinen Gedanken waren.

Heute bin ich selbst ein Erwachsener und gebe mir Mühe, weder in der Straßenbahn noch sonst wo auf der Welt böse vor mich hin zu schauen. Ich will lieber einen sonnigen Tag haben und auch anderen ihren Tag nicht mies machen. Denn eigentlich haben wir doch alle so ein Glück, dass es uns gibt und dass wir so viele schöne Dinge erleben dürfen.

Übrigens: Wenn mir heute ein Mensch besonders griesgrämig begegnet, dann mache ich genau das, was ich als Kind schon gemacht habe: Ich bringe ihn zum Lachen. Zumindest versuche ich es. Entweder wirklich oder wie früher in meiner Fantasie.

Geheimtipp:

Wenn du Angst vor strengen Menschen hast, stell dir vor, dass sie ganz doll lachen oder fröhlich singen. So richtig lang und laut und lustig. Das klappt auch mit Fotos. Du wirst sehen, wie sie sofort ihren Schrecken verlieren. Die meisten Erwachsenen sind nämlich gar nicht wirklich böse und streng. Sie gucken einfach nur so ernst, wenn sie in Gedanken sind.

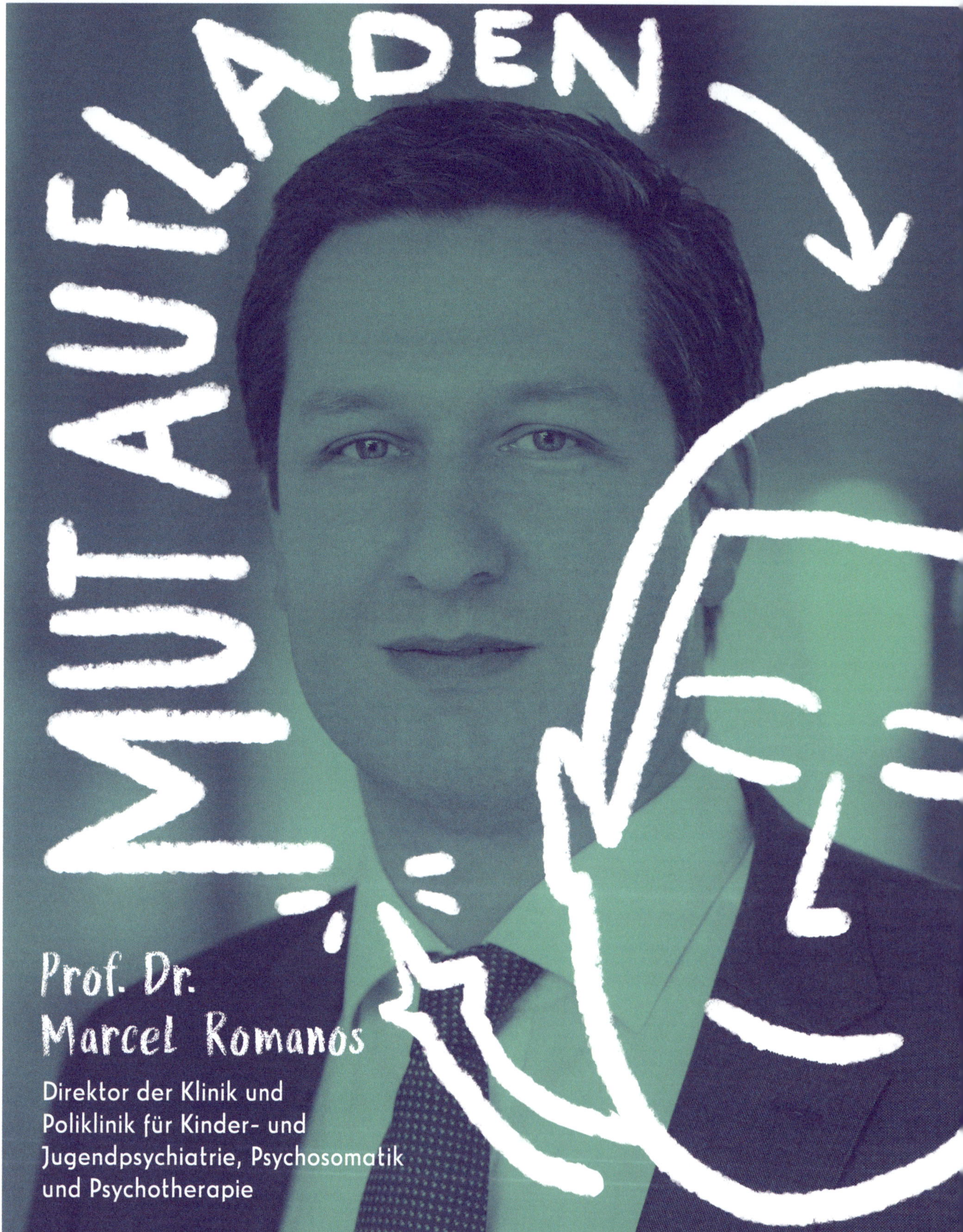

MUT AUFLADEN

Prof. Dr. Marcel Romanos

Direktor der Klinik und Poliklinik für Kinder- und Jugendpsychiatrie, Psychosomatik und Psychotherapie

Mit Muthelfern kannst du dich der Angst Schritt für Schritt nähern!

Ich weiß nicht, wie alt ich genau war, aber ich muss auf jeden Fall noch ein Kind gewesen sein, als meine Eltern einmal abends im Hotelzimmer den Horrorfilm „Nebel des Grauens“ schauten. Sie dachten, dass wir Kinder fest schlafen, aber es schliefen nur drei von vieren. Ich tat nur so, als wären meine Augen zu, und habe heimlich mitgeguckt. Das war keine besonders gute Idee von mir, denn dieser Film war unglaublich gruselig und ganz sicher nicht für Kinder geeignet. Das Einschlafen war an diesem Abend jedenfalls nicht so einfach.
Manche Kinder haben aber nicht nur manchmal einen gruseligen Moment, sondern dauerhaft große Ängste, die ihnen das Leben schwer machen. Einige verlassen das Haus nicht mehr, weil sie Angst vor Insekten haben, oder verstummen komplett, um nicht mit Fremden reden zu müssen. Diese Kinder unterstützen wir in der Klinik, in der ich arbeite, dabei, neue und gute Erfahrungen zu machen. Das ist wichtig, denn wenn man etwas aus Angst immer vermeidet, fürchtet man sich immer mehr und mehr davor. Gemeinsam gehen wir mit den Kindern also Schritt für Schritt auf die Angst zu, um sie irgendwann ganz zu überwinden. Damit das nicht zu schwierig ist, haben wir zum Beispiel besondere Hunde, die die Kinder begleiten und richtig mutig machen.

Geheimtipp:

Vermeide die Situation nicht extra, vor der du große Angst hast, denn das macht die Sache auf Dauer schlimmer. Wenn du Unterstützung brauchst, kannst du Menschen, Tiere oder Dinge mit Mut aufladen und in die Situation mitnehmen. Wie „mit Mut aufladen“ geht? Augen schließen, deinen Muthelfer berühren und dabei ganz fest an eine Situation denken, in der du supermutig warst.

Joëlle Tourlonias

Illustratorin

Spring singend ins eiskalte Wasser!

Schon als ich ein kleines Mädchen war, war es mir extrem unangenehm, vor vielen Menschen zu sprechen. Ein Gedicht vor Leuten aufzusagen, Theater zu spielen oder ein Referat halten zu müssen, war ein Albtraum für mich. Sobald mehr als fünf Augenpaare auf mich gerichtet waren, verstummte ich einfach. Ich kann nicht mal genau sagen, was genau ich daran gefürchtet habe. Es war einfach nicht mein Ding, und daran hat sich nichts geändert. Als Illustratorin komme ich zum Glück auch nicht so oft in solche Situationen.
Letztens habe ich allerdings eine Einladung in die Sendung „Tigerenten Club" bekommen. Ich sollte dort auftreten und über meine Zeichnungen sprechen. Live im Fernsehen … brrr! Schon Wochen vorher hatte ich eine Riesenangst vor diesem Tag und fragte all meine Freunde und Freundinnen nach Tipps gegen die Angst. Ich habe viel ausprobiert, so richtig geholfen hat bei mir aber nur Singen. Am Drehtag saß ich ganz alleine in der hintersten Ecke des Studios und sang bis zu meinem Auftritt ganz leise vor mich hin, bis ich das Gefühl gut aushalten konnte. Die Sendung hat mir sogar Spaß gemacht, und das Verrückteste ist: Meine Angst vor Auftritten ist seitdem viel kleiner geworden.
Es scheint also auch ein bisschen abzuhärten, einmal ins eiskalte Wasser zu springen …

Geheimtipp:

Warum auch immer: Singen hilft gegen Angst. Ich hätte nie gedacht, dass das so gut funktioniert. Es muss gar nicht laut sein, auch leises Summen reicht völlig. Wenn du dann genug Mut gesammelt hast, schaffst du es, ins eiskalte Wasser springen. So gibst du dir die Chance, zu bemerken, dass die Wirklichkeit meist viel harmloser ist, als du es dir in der Angst ausgemalt hast.

Andreas Fröhlich

Sprecher von Bob Andrews
von „Die drei ???“

Sieh deine Angst als Chance an!

Es mag ein bisschen überraschend sein, weil ich es jetzt beruflich mache, aber ich hatte als Kind riesige Angst davor, laut vorzulesen. Zu Hause, ganz für mich, war Lesen kein Problem. Aber in der Schule – vor Publikum – hatte ich eine richtige Sperre in mir vor lauter Angst, mich zu verlesen. Die anderen Kinder haben gelacht und gekichert und die Worte haben sich vor meinen Augen verändert. Aus Stift wurde Schiff, aus Vorlesen wurde Verlesen. Ich habe davon richtige Albträume bekommen. Mein Kollege Oliver Rohrbeck wurde 1975 im Vorlesewettbewerb der beste Vorleser Deutschlands. Ich war im selben Jahr der allerschlechteste Leser meiner Klasse.

Heute weiß ich: Ich war so damit beschäftigt, alles richtig zu machen, dass ich gar nicht verstand, was ich da las. Als ich dann irgendwann endlich begriff, dass Vorlesen eigentlich das Gleiche wie Erzählen ist, las ich langsamer, betonte besser und verlor nach und nach meine Angst. Vor ein paar Jahren saß ich dann lustigerweise selbst in der Jury des Bundesvorlesewettbewerbs. Die Kinder dort waren natürlich alle gute Leser, aber auch sie hatten Angst, Fehler zu machen. Ich habe ihnen dann gesagt, dass sie nur weiterkommen, wenn sie sich mindestens zwei Mal verlesen, damit ich weiß, dass sie keine Roboter sind. Ich möchte als Zuhörer einfach gefesselt werden von der Geschichte, nur darum geht es und nicht um Perfektion.

Geheimtipp:

Sieh deine Angst als Chance, irgendwann richtig gut in genau dieser Sache zu sein, die dir jetzt Probleme bereitet. Die Angst sorgt dafür, dass du konzentriert bist, und hilft dir, daran zu arbeiten. Dass ich heute einer der erfolgreichsten Vorleser Deutschlands bin, habe ich auch dem Umstand zu verdanken, dass ich mal einer der schlechtesten war.

Annika Preil
bekannt aus „Anna und die wilden Tiere“.

Schau dem Hai in die Augen!

Kinder fragen mich oft, ob ich beim Dreh zu „Anna und die wilden Tiere" Angst vor manchen Tieren habe. Ich müsste lügen, wenn ich „Nein" antworten würde. Spinnen und Schlangen zum Beispiel fand ich schon als kleines Mädchen gruselig, und das hat sich auch nicht geändert. Ich hatte zwar schon zweimal Vogelspinnen auf der Hand, aber ich kann diese Tiere ohne erkennbares Gesicht und ohne Mimik nicht einschätzen. Selbst beim zweiten Mal hatte ich ein ungutes Gefühl.

Ich hätte den Hai gerne angefasst.

In besserer Erinnerung ist mir meine Begegnung mit dem Weißen Hai. Davor hatte ich richtig dolle Angst, ganz besonders, als ich den von Haien zerbeulten Käfig gesehen habe, der mich unter Wasser schützen sollte. Mir wurde gesagt, dass man die Hand nicht aus dem Käfig strecken soll, und ich erinnere mich, dass ich dachte: „Na, wer soll denn bitte so was Idiotisches machen wollen?" Aber als der Hai so friedlich am Käfig vorbeiglitt, hätte ich ihn irgendwie doch gerne angefasst. Natürlich habe ich das nicht getan, aber es kam mir nicht mehr so absurd vor. Interessant fand ich, dass ich bei einem anderen Dreh mit der Seenotrettung doch wieder Angst vor Haien bekam – und das mitten in der Nordsee, in der es höchstens harmlose Haie gibt. Ich denke, das lag daran, dass ich mit dem Kopf über Wasser war und deshalb nicht sehen konnte, was unter mir so alles passierte …

Geheimtipp:

Ganz egal, wovor du Angst hast, es hilft immer, so viel Wissen wie möglich darüber zu sammeln und sich nicht davor zu verstecken. Ich musste dem Hai auch erst in die Augen sehen, um ihn besser zu begreifen. Und was die Spinnen betrifft, sollte ich vielleicht auch einfach mal in mindestens eins der acht Augen blicken!

Jakob Hoffmann

Spanisch- und Deutschlehrer
an einer Stadtteilschule

Finde jemanden, der sich gut auskennt!

Als ich acht Jahre alt war, zog ich mit meiner Familie von Deutschland nach Südamerika. Dort wohnten wir in der peruanischen Hauptstadt Lima, die direkt am Meer liegt. Es war wunderschön dort, aber auch komplett anders als in Deutschland. In Lima laufen zum Beispiel viele Hunde herum, die keinen Besitzer haben. Sie schließen sich zu richtigen Hundegangs zusammen, streunern durch die Straßen und suchen dauernd etwas zu fressen. Das ist einerseits traurig, andererseits für Menschen und besonders für Kinder sehr gefährlich.

Ich hatte aus gutem Grund sehr oft Angst, dass die Hunde mich angreifen könnten. Deshalb habe ich meine neuen Freunde gefragt, was ich in einem solchen Fall tun muss. Sie kannten sich ja viel besser aus. Zum Glück wusste ich durch meine Freunde genau, was zu tun war, als sich die Hunde eines Tages wirklich in meinen Weg stellten und knurrend und mit gefletschten Zähnen auf mich zukamen. Ich wusste, dass ich rückwärtsgehen muss, ohne den Blick von ihnen abzuwenden. Dabei tat ich so, als würde ich Steine vom Boden aufheben, und täuschte an, damit nach den Hunden zu werfen. Ich hatte riesige Angst, aber der Plan ging zum Glück auf. Die Hunde verfolgten mich zwar, aber sie hielten aus Furcht vor den imaginären Steinen Abstand. Nach ewig lang scheinenden Minuten kam ich endlich rückwärts zu Hause an und versteckte mich in meinem Zimmer, während die Hunde draußen wütend bellten.

Geheimtipp:

Wenn dir etwas Angst macht, sprich mit Menschen, die sich gut auskennen. Nichts hilft besser gegen Angst als ein Plan, was genau du tun kannst, wenn tatsächlich das passiert, wovor du dich fürchtest. Hast du eine Idee, wer sich mit deiner Angst gut auskennen könnte?

Dr. Dagmar Brandi

Kinderärztin und Psychotherapeutin

Deine Eltern sind ganz wichtige Mut-Tankstellen!

Angst ist ein wichtiges Überlebensgefühl. Es hilft uns, Risiken einzuschätzen und rechtzeitig wegzulaufen, zu kämpfen oder Hilfe zu rufen, wenn Gefahr droht. Welche Ängste wir haben, hat auch mit unserem Alter zu tun. Als Baby wolltest du bestimmt vor allem bei der Person sein, die dich am besten schützen und verstehen konnte. Immer wenn sie in deiner Nähe war, bist du vielleicht mutiger geworden und hattest Lust, die Welt zu entdecken. Mit drei kamst du ins „magische Alter". Da hat die Fantasie dich wahrscheinlich so beflügelt, dass du dich manchmal schon ganz groß und unverletzlich gefühlt hast. In diesem Alter erschien dir ALLES möglich. Fantasie und Wirklichkeit sind in dem Alter so schwer auseinanderzuhalten, dass gegen die Angst im Dunkeln nur Kuscheln und Trösten hilft.

Geheimtipp:

Gib abends deine Sorgen bei deinen Eltern ab und tanke bei ihnen Mut und Sicherheit. Wenn sie nicht da sind oder gerade keine Zeit haben, kannst du auch mit deinen Geschwistern, Kuscheltieren oder einem Haustier sprechen, damit du dich nicht allein fühlst.

Selbstvertrauen ist die beste Wunderwaffe.

Jetzt weißt du: Angst ist normal und kann auch gut sein. Egal, wie alt du jetzt bist. Und wovor du Angst hast, ist gar nicht so wichtig. Viel wichtiger ist es, gut mit der Angst umzugehen. Um das zu schaffen, brauchst du Erwachsene um dich herum, denen du vertrauen kannst und die dir etwas zutrauen. Wenn deine Eltern sehr ängstlich mit dir sind oder du etwas Ermutigung brauchst, sprich mit ihnen. Sag ihnen, wie wichtig es ist, dass sie an dich glauben. Denn wenn andere uns viel zutrauen, hilft uns das auch, uns selbst zu vertrauen. Und Selbstvertrauen ist die beste Wunderwaffe gegen Angst.

Tobias Handtke

Bürgermeister einer Gemeinde mit etwa 20.000 Menschen

ROLLT MAL KURZ AUS DEM MOMENT :)

Steig ganz bewusst mal kurz aus dem Moment aus.

Wenn ein Kind ständig „Pass auf!" hört und nicht besonders viel darf, dann ist es ganz schön schwierig für dieses Kind, richtig mutig zu werden. Ich weiß das leider sehr genau, denn ich war so ein Kind. Natürlich nehme ich meiner Mutter ihre Angst nicht übel, aber sie hat mir oft verboten, irgendwo hochzuklettern, riskante Sachen auszuprobieren oder mich nah ans Wasser zu wagen. Diese Ängste haben sich dann irgendwann übertragen, und ich wurde selbst sehr vorsichtig. Das Problem ist: Wenn man Angst hat, verkrampft man sich total, glaubt nicht an sich selbst und wird dann wirklich ungeschickt. Ein Gefühl der Stärke kam als Kind bei mir jedenfalls eher selten auf.

Weil ich als Kind selbst sehr viel Angst hatte, möchte ich als Vater heute eher Mut vermitteln. Ich habe auch wirklich großes Vertrauen, dass meine Kinder sich und ihr Können gut einschätzen können. Und wenn sie vor etwas Angst haben, dann kümmern wir uns gemeinsam darum. Die eigene Angst und die Angst der anderen kann man ja nicht einfach wegwischen, man muss sie ernst nehmen und darüber sprechen. Das gilt übrigens auch für meine Arbeit als Bürgermeister. Wenn Menschen mit ihren Sorgen zu mir kommen, darf mir das niemals egal sein. Ich muss alles immer ganz genau prüfen, denn die Sorge eines einzelnen Menschen kann manchmal auch Schutz und Warnsignal für alle anderen sein.

Geheimtipp:

Wenn deine Angst überwältigend wird, steig ganz bewusst kurz aus dem Moment aus. Nachts kannst du zum Beispiel mal kurz das Licht anmachen und lesen. Dieser kurze Abstand kann manchmal alles verändern, und die Welt fühlt sich direkt wieder viel sicherer an.

Majbritt Kremo
Sprachförderkraft im
Kindergarten

Dein Körper kann den Stress mit deiner Hilfe abbauen.

Ich glaube, dass Angst sehr wertvoll ist, denn sie zeigt uns, was uns wichtig und schützenswert erscheint. Als ich klein war, hatte ich zum Beispiel Angst vor den Benimmregeln bei meinem Opa. Ich musste am Tisch ganz gerade sitzen, die Hände auf den Tisch legen, und wenn ich satt war, sagte er: „Mach den Mund auf, da passt noch was rein!" Ähnlich schlecht ging es mir, wenn Lehrer ungerecht zu Kindern waren. Das hat mich richtig hilflos gemacht. Im Nachhinein gesehen, finde ich es logisch, dass mir Respektlosigkeit als Kind Angst gemacht hat, denn Respekt ist mir nach wie vor der wichtigste Wert im Leben. Das war wohl einfach schon als Kind so.

Heute arbeite ich als Sprachförderkraft im Kindergarten. Sprache kann unglaublich hilfreich sein. Denn wenn ein Kind durch Sprache ausdrücken kann, was es fühlt und worüber es sich Sorgen macht, dann muss es mit seinen Ängsten und Nöten nie allein bleiben. Das geht Erwachsenen nicht anders. Wenn es mir schlecht geht, greife auch ich gerne zum Hörer und wähle die Nummer einer guten Freundin, um zu reden und um ihren Rat zu hören.

Sprache hilft uns, mit unseren Ängsten nicht alleine zu bleiben.

Geheimtipp:

Reden ist immer eine gute Idee. Aber du kannst dir auch ganz alleine helfen. Wenn du schnell läufst, ein paar Hampelmänner hüpfst oder in die Luft boxt, wird der Stress in deinem Körper ganz schnell abgebaut. Bewegung ist eine richtige Superwaffe gegen schwierige Gefühle. Übrigens kann man das eine auch mit dem anderen kombinieren. Mit wem würdest du gerne mal einen schnellen Spaziergang machen und dein Herz ausschütten?

Alma

macht Kampfsport, ist gerne mit ihren Freundinnen zusammen und möchte später viel Zeit in Süd-England verbringen.

Es ist manchmal schwer, sich selbst zu glauben.

Irgendwann in der dritten oder vierten Klasse begann ich, mir Gedanken darüber zu machen, was die anderen von mir denken könnten. Das passierte immer dann, wenn ich Lust hatte, etwas Neues auszuprobieren, zum Beispiel einen neuen Haarschnitt oder einen anderen Kleidungsstil. Leider ist diese Angst vor der Meinung anderer geblieben. Oft, wenn ich neue Eigenschaften oder Interessen an mir entdecke, frage ich mich: Was, wenn meine Freundinnen nicht mehr mit mir klarkommen? Was, wenn ich plötzlich eingebildet wirke oder den anderen fremd werde? Was, wenn mich alle verlassen, wenn ich nicht mehr so bin, wie sie mich bisher mochten?
Und dann versuche ich, lieber so zu sein, wie die anderen mich haben wollen oder so, wie ich schon immer war.
Eigentlich weiß ich, dass ich mir oft grundlos Sorgen mache. Ich spreche dann in Gedanken mit mir selbst und rede mir Mut zu. Aber manchmal ist es ja egal, wie sehr man Dinge mit dem Kopf versteht: Es ist echt schwer, sich selbst zu glauben, wenn die Angst größer ist als der Mut, sich zu vertrauen.

Dein Patentipp

Liebe Alma!
Weißt du was? Andere verändern sich auch, genauso wie du! Vielleicht nicht so schnell oder nicht so offensichtlich, aber jeder Mensch entwickelt sich mit der Zeit weiter. Wenn eine Person dich irgendwann nicht mehr versteht, wird eine neue Person in dein Leben treten und dich umso mehr lieben. Veränderung ist eine große Chance, alle Facetten von dir zu entdecken. Und es wäre sehr schade, wenn du dir das nicht erlauben würdest.

Deine Angstpatin Leni Bolt, Life Coach

André Gatzke

Moderator der „Sendung mit dem Elefanten"
und der „Sendung mit der Maus"

Finde etwas, das dich begeistert und stark macht!

Als Kind war ich ein richtig wilder Wirbelwind und habe oft gefährliche Sachen gemacht. Vor allem aber habe ich früh das Skateboarden für mich entdeckt und bin da gerne bis an meine Grenzen gegangen. Zum Leidwesen meiner Mutter, ehrlich gesagt, auch manchmal darüber hinaus, was mir dann auch mal eine zertrümmerte Kniescheibe oder ein kaputtes Handgelenk eingebracht hat. Aber auch für mich gab es Rampen, die mir zu heftig waren.
Ich erinnere mich, dass ich einmal extra mit dem Bus zwei Stunden in eine andere Stadt gefahren bin zu der Rampe der Weltmeisterschaft. Da stand ich dann oben mit meinem Board und dachte nur: „Au Backe! Das schaffst du nie!" Ich konnte mich an diesem Tag dann auch tatsächlich nicht überwinden. Das Gute ist aber, dass man beim Skateboarden eigentlich nie alleine ist. Wenn einer von uns sich mal was nicht traute, dann waren wir füreinander da. Und meist hat es mich auch richtig stark und mutig gemacht, wenn die anderen mich von unten anfeuerten. Genau aus diesem Grund unterstütze ich heute die Hilfsorganisation skate-aid, die Skateparks auf der ganzen Welt baut. Die Kids lernen dort, dass Hinfallen zum Leben dazugehört und dass das gar nicht schlimm ist, solange man immer wieder aufsteht, und vor allem solange man zusammenhält – was auch immer passiert!

Geheimtipp:

Finde etwas, das dich ausmacht, begeistert und stärkt. Ich glaube fest daran, dass viel weniger Platz im Leben für Ängste ist, wenn du so etwas gefunden hast. Ganz egal, was es ist: Hauptsache, es füllt deinen Kopf und dein Herz mit Freude. Denn Freude macht stark, glücklich und mutig. Wofür brennst du? Was macht dich stark?

Wenn du eine Crew hast, wird alles leichter.

Petra Marzian Schutzpolizistin der Polizei Hamburg

Gemeinsam hat man weniger Angst!

So wie wahrscheinlich die meisten Kinder, die in ihrem Zuhause einen Keller haben, fand ich es ganz schön gruselig, dort runterzugehen. Wenn unsere Eltern meine Schwester und mich baten, etwas von dort hochzuholen, gab es oft Diskussionen, wer von uns das machen muss. Ich bin dann immer ganz langsam runtergegangen und superschnell wieder hochgerannt. Als Kind stellt man sich ja gerne mal vor, dass sich Einbrecher irgendwo verstecken … Manchmal waren wir Schwestern so klug und sind gemeinsam nach unten gegangen. Nicht alleine zu sein, war sehr beruhigend! Bei der Polizei arbeiten wir auch meist im Team, weil das nicht nur gefühlt, sondern auch tatsächlich sicherer ist. Als Polizistin komme ich ja manchmal wirklich in gefährliche Situationen. Angst spüre ich dabei allerdings fast nie. Wahrscheinlich, weil ich in schwierigen Momenten ganz konzentriert auf meine Aufgabe bin und so gar keine Zeit habe, mir viele Gedanken über meine Gefühle zu machen. Wenn ich könnte, würde ich aber gerne mal eine Zeitreise zu dem kleinen Mädchen machen, das ich mal war, und ihm Folgendes sagen: Du musst keine Angst vor Einbrechern haben. Erstens haben die gar keinen Grund, in Kellern rumzulungern, und zweitens habe ich in all den Jahren bei der Polizei wirklich noch nie erlebt, dass Einbrecher einem Kind etwas getan hätten!

Du musst keine Angst vor Einbrechern haben.

Geheimtipp:

Gemeinsam hat man weniger Angst. Genau wie wir als Team bei der Polizei arbeiten, kannst du mit deinen Geschwistern, Freunden, Freundinnen, Eltern, Haustieren oder Kuscheltieren ein Anti-Angst-Team bilden. Und wenn du dich wirklich in Gefahr siehst oder unsicher fühlst: Du darfst immer 110 wählen und um Hilfe bitten!

Klaus Jabs

Paar- und Familientherapeut, Supervisor

Bau dir ein Kontrollzentrum gegen die Angst!

Einmal, als ich mit meiner Mutter im Zug zu meinen Großeltern fuhr, ließen wir aus Versehen einen Koffer beim Umsteigen auf dem Bahnsteig stehen. Ich habe danach riesige Angst bekommen, dass meine Mutter auch mich mal irgendwo vergessen könnte, denn als Kind war ich mir nie sicher, ob ich so richtig dazugehöre und wichtig bin. Als Erwachsener konnte ich mich genauer mit diesem Gefühl beschäftigen und verstehen, womit es zusammenhängt. Die Angst, nicht dazuzugehören, hatte ich wohl von meinem Vater gelernt. Als Geflüchteter nach dem Krieg hatte er oft das Gefühl, hier nicht richtig angekommen und willkommen zu sein.

Ängste haben meist mit Liebe zu tun.

Wenn ich heute als Therapeut mit Ängsten von Menschen zu tun habe, dann sehe ich mir immer auch das Umfeld an. Oft haben unsere Ängste – wie bei mir damals – etwas mit den Menschen zu tun, die wir lieben. Manchmal sind es einfach übernommene Ängste. In anderen Fällen wollen wir jemanden beschützen, den wir mögen, oder den Erwartungen genügen, die ein geliebter Mensch an uns hat. So oder so, Angst hat ganz häufig mit Liebe zu tun, und das ist eigentlich ein sehr schöner Gedanke. Ich glaube jedenfalls fest daran, dass es immer hilft, sich die Angst genauer anzusehen und zu verstehen, wie sie entstanden ist. Das erfordert viel Mut, lohnt sich aber immer.

Geheimtipp:

Wenn du Angst hast, wird es dir helfen, die Kontrolle zu behalten. Du kannst dir für die Nacht zum Beispiel ein richtiges Kontrollzentrum ans Bett bauen. Ganz wichtig: Taschenlampe, eine Kuscheltier-schutzmauer und ein Mensch, der dir versprochen hat, in Rufweite zu bleiben.

Lukas Nimscheck Sänger der Band DEINE FREUNDE, Komponist, Regisseur und Kulturunternehmer

DU BIST VOLL OK!

Du bist nicht falsch, nur weil du Angst hast!

Ich hatte schon immer eine sehr enge Bindung zu meiner Mama und hab auch lange bei ihr im Bett geschlafen. Das war einerseits total schön, andererseits fiel es mir deshalb aber auch sehr schwer, allein von zu Hause weg zu sein. Vor Klassenfahrten zum Beispiel hatte ich richtig Panik. Ich hab mich gefragt, was meine Familie in der Zeit ohne mich machen würde und ob sie mich vielleicht vergessen könnte. Ich hab mir schon Wochen vorher ohne Ende Sorgen gemacht. Mir war von vornherein klar, dass ich ganz schreckliches Heimweh bekommen würde, und so war es dann auch. Von den ersten beiden Klassenfahrten musste ich sogar abgeholt werden, weil es mir wirklich schlecht ging.
Heute habe ich keine Angst mehr, alleine wegzufahren, aber ich bin noch immer ungern lange von meinem Mann getrennt. Ich würde nie länger als einen Monat ohne ihn irgendwo sein wollen, das würde mich einfach nicht glücklich machen. Auch beruflich bin ich nie ein Einzelgänger geworden. Ob mit Flo und Pauli als DEINE FREUNDE oder bei Theater- und Musicalproduktionen mit all den Künstlern zusammen – ich bin halt einfach durch und durch ein Teamplayer. Früher hat sich das wie eine Schwäche angefühlt. Heute weiß ich: Es ist ganz sicher auch eine Stärke.

Geheimtipp:

Du brauchst dich nicht für deine Angst zu schämen. Auch dann nicht, wenn du sie mal nicht überwinden kannst. Es ist okay, etwas nicht zu schaffen oder Gedanken nicht aus dem Kopf zu kriegen. Das sagt gar nichts über dich und deinen Wert aus. Erlaube dir dein Gefühl und trau dich, den anderen davon zu erzählen. Denn gerade als Teamplayer braucht man manchmal Verbündete gegen die Angst und vor allem jemanden, der dir sagt: Du bist nicht falsch, nur weil du Angst hast.

Katja Drinkmann

Erzieherin und Kita-Leiterin

Leg die Hand aufs Herz und atme!

Wenn meine Eltern abends zu Freunden gingen, ließen sie mich manchmal allein zu Hause. Sie sagten, dass ich schon groß sei und keine Angst haben müsse, aber ich fühlte mich an diesen Abenden kein bisschen groß, sondern klein und ängstlich. Die Dunkelheit, das Knacken des Hauses, das alles kam mir furchtbar bedrohlich vor, sobald sie das Haus verlassen hatten. Wenn ich den Abend ohne „Kommt-bitte-zurück-Anruf" geschafft hatte, gaben sie mir als Belohnung Luftschokolade. Aber noch heute verbinde ich diese Schokolade mit einem unguten Gefühl.

Du bist nicht alleine!

Mittlerweile leite ich eine Kita. Wenn Kinder beim Abschied von den Eltern Angst bekommen oder traurig sind, versuchen wir als Team dem Kind zu zeigen: „Du bist nicht alleine. Wir sind für dich da!" Es ist uns wichtig, mit dem Kind gemeinsam seine Ängste und Sorgen auszuhalten. Erst wenn es bereit ist, lenken wir es ab und spielen mit ihm. So ähnlich mache ich es heutzutage übrigens auch bei mir selbst. Wenn ich zum Beispiel Flugangst habe, versuche ich mich erst zu beruhigen, und dann lenke ich mich ab. Ich bin nur froh, dass ich heute nicht mehr mit Luftschokolade belohnt werde, sondern mit einem tollen Urlaubsziel. Denn mit dieser Motivation fällt es definitiv leichter, die Angst zu überstehen.

Geheimtipp:

Leg die Hand auf dein Herz, schließe die Augen und atme dreimal schnell aus, bevor du einmal lang ausatmest. Das klingt ein bisschen lustig, ist aber sehr beruhigend. Sobald etwas Ruhe in deinen Körper eingekehrt ist, kannst du dich ablenken, zum Beispiel mit einem Buch, einem Hörspiel oder einem schönen Gedanken.

Elke Seyed Ebrahim

Fachärztin für Kinder- und Jugendpsychiatrie und -psychotherapie

Du darfst und kannst deine Gedanken stoppen!

Ich fand es als Kind ganz furchtbar, wenn ich noch vor meinen Eltern an einem vereinbarten Treffpunkt war. Manchmal habe ich richtig Angst bekommen, dass ich etwas falsch verstanden habe und vielleicht nicht am richtigen Ort stehe. Früher gab es ja auch noch keine Handys. Es blieb mir also nichts anderes übrig, als stehen zu bleiben und zu hoffen, dass sie doch noch kommen. Das ist letzten Endes auch immer passiert, aber das Gefühl davor war scheußlich. Es gibt viele Kinder, die genau wie ich sehr gut darin sind, sich so lange Gedanken zu machen, bis sie Angst bekommen. Manche von ihnen kommen zu mir in die Praxis und wollen wissen, was sie dagegen tun können. Das Tolle an Menschen und ganz besonders an Kindern ist, dass sie ein großartiges Wundermittel gegen Angst in sich tragen: Ihre Vorstellungskraft. Bilder im Kopf können nicht nur Angst machen, sie können sie auch stoppen. Zum Beispiel kannst du dir deine Gedanken wie ein Fußballspiel vorstellen und dich als Schirl ins Feld stellen. Dann kannst du mal so richtig aufräumen. Du könntest zum Beispiel eine Sorge mit der roten Karte vom Platz schicken, das Spiel mal kurz unterbrechen oder auch ein spitzenmäßiges Tor geben, wenn dich eine Überlegung mutig macht. Du allein bist nämlich Chef oder Chefin deiner Gedanken!

Vorstellungskraft ist ein Wundermittel gegen Ängste.

Geheimtipp:

Angst ist ein sehr wichtiges Gefühl. Wenn dich die Angst aber stört und von wichtigen oder schönen Dingen abhält, dann darfst und kannst du dich mit einem Gedankenstopp dagegen wehren. Dabei kann dir deine Vorstellungskraft helfen. Jeder, der sich ein Stoppschild oder eine rote Karte vorstellen kann, hat die Möglichkeit, Gedanken zu stoppen.

Prof. Dr. Julian Schmitz

Professor für Klinische Kinder- und Jugendpsychologie an der Universität Leipzig, Forschungsschwerpunkt: Kinderängste

Schenke deinen Stärken mehr Beachtung als deinen Schwächen!

Ich hatte als Kind vor ziemlich vielen Sachen Angst. Vor allem habe ich mir Sorgen gemacht, dass ich etwas falsch machen könnte. Besonders in der Schule ist es mir manchmal schwergefallen, mitzukommen, und ich hatte das Gefühl, dass mir das Lesen, Schreiben und Sprachen Lernen schwerer fiel als den meisten anderen Kindern. Schlimm fand ich strenge Lehrer oder wenn ich sie nicht einschätzen konnte. Mein Englischlehrer zum Beispiel war eigentlich sehr nett und hat viel mit uns gesungen, konnte dann aber von einem Moment auf den anderen richtig streng werden. Das war so unberechenbar und hat mir deshalb Angst gemacht. Ich wollte ihn auf keinen Fall sauer machen. Heute bin ich Professor an der Universität und habe einen Doktortitel. Bestimmt würde keiner von mir denken, dass die Schule mir früher schwerfiel oder dass meine erste Note am Gymnasium eine glatte 6 in Mathe war. Man sieht den Menschen ihre Unsicherheiten und Ängste eben nicht an. Du kannst dir aber sicher sein, dass alle Menschen innerlich Themen hatten und auch immer noch haben, die ihnen schwerfallen. Und trotzdem können wir alle ganz viel erreichen, wenn wir uns nicht durch unsere Ängste und Schwächen von unseren Zielen abhalten lassen.

Man sieht den Menschen ihre Ängste nicht an.

Geheimtipp:

Wenn du Angst hast vor Dingen, die dir schwerfallen, denk ganz bewusst an etwas, worin du richtig gut bist. Vielleicht kannst du prima malen, hast tolle Ideen oder bist eine gute Sportlerin oder ein guter Sportler? Mit diesem Gedanken fühlst du dich sofort stärker und kannst mit den Dingen, die nicht zu deinen größten Stärken gehören, viel entspannter sein.

Felix

malt gerne und liebt schnelles Radfahren. Am allerliebsten spielt er aber Fußball (vor allem, wenn sein Ball im Tor landet).

Die Angst soll mir nicht die Freude verderben.

In meiner Familie wird richtig oft und viel gespielt. Jeder aus meiner Großfamilie liebt Brett-, Karten- und Mannschaftsspiele. Das ist ziemlich lustig und meist auch ganz schön laut. Am allerbesten finde ich es, wenn wir kicken. Meine beiden Brüder und ich sind im Verein und jagen eigentlich jede freie Minute einem Fußball hinterher. Dabei fetzen wir uns oft ganz schön, aber es macht uns trotzdem total viel Spaß. Bei Turnieren vergeht mir aber manchmal die Lust aufs Spielen. Obwohl Fußball mein Lieblingshobby ist, fällt es mir manchmal schwer, aufs Feld zu gehen. Das liegt daran, dass ich es schlimm fände, eine Torchance zu verpassen oder mal nicht so gut zu sein. Ich weiß einfach schon vor dem Spiel, wie ich mich dann fühlen könnte, und das macht mir Angst. Am liebsten möchte ich mich dann verstecken und gar nicht mitmachen. Es wäre toll, mal einen Profi zu fragen, wie man die Angst, etwas falsch zu machen, überwindet. Denn es ist ja blöd, wenn einem die Angst alle Freude verdirbt …

Dein Patentipp

Lieber Felix!

Für uns Profis gehört der Umgang mit dem Gefühl des Scheiterns zu unserem Beruf dazu. Es ist ganz wichtig, zu lernen, diesem Gefühl nicht zu viel Macht zu geben. Denn sieh es mal so: Beim Fußball versuchen zwei Mannschaften etwa 90 Minuten lang, Tore zu schießen. Und das Interessante an Fußball ist ja: In den allermeisten Fällen geht das schief. Natürlich ist jede Chance wichtig, aber wenn es mal nicht klappt, schüttel das Gefühl lieber ab und mach weiter. Denn die nächste Chance kommt, und es wäre schade, wenn du sie nicht nutzt, nur weil du dich noch ärgerst.

Dein Angstpate Thomas Müller,
Fußball-Nationalspieler

Dafni Kryoneriti

Fallschirmsprunglehrerin,
hat selbst schon über
1.000 Sprünge gemacht.

Deine Willenskraft ist stärker als die Angst!

Hast du schon mal davon geträumt, aus 4000 Metern Höhe aus einem Flugzeug zu springen, eine Minute lang einfach frei in Richtung Boden zu fallen, bevor du dann an einem Fallschirm langsam nach unten gleitest? Als ich ein Kind war, war das einer meiner größten Träume! Doch es sollte noch viele Jahre dauern, bis es so weit war. Erst als Studentin konnte ich mir endlich meinen Traum erfüllen und einen Kurs belegen. Bei meinem allerersten Sprung haben mich zwei Lehrer begleitet und hielten mich während des freien Falls stabil, aber am Schirm hing ich ganz allein, und das war ein atemberaubendes Gefühl.

Geheimtipp:

Atme eine Sekunde ein und eine Sekunde lang aus, dann zwei Sekunden ein und zwei Sekunden aus. Dazwischen hältst du die Luft immer kurz an. Das Spiel führst du weiter, bis du sechs Sekunden lang ein- und ausatmest. So wirst du automatisch immer ruhiger und ruhiger … Und mit innerer Ruhe ist es viel leichter, die Angst zu überwinden.

Jetzt, über 1.000 Sprünge später, bin ich selbst Sprunglehrerin und begleite andere bei ihren ersten Sprüngen. Natürlich haben viele Angst vor diesem ersten Sprung. Ich spreche dann im Flugzeug mit ihnen noch einmal alles durch, und wir machen gemeinsam Atemübungen, wenn sie sehr aufgeregt sind. Ganz entspannt ist auf dem Weg nach oben aber glaube ich niemand. Selbst bei mir fliegt noch immer Aufregung mit. Der Körper vergisst nicht einfach, dass ein Sprung aus vier Kilometern Höhe Lebensgefahr bedeutet. Er warnt mich jedes Mal ganz deutlich, und jeder Sprung erfordert ein wenig Überwindung, aber sobald ich falle, genieße ich einfach nur den unglaublichen Moment.

Auch bei mir fliegt noch immer Aufregung mit.

Patrick Hausding

Wasserspringer, Weltmeister im Synchronspringen, gewann zweimal Bronze und einmal Silber bei Olympia

Durch Angst kannst du über dich hinauswachsen!

Angst ist wirklich kein schönes Gefühl, aber sie beschützt dich auch. Das weiß ich so sicher, weil ich als Kind fast nie Angst hatte und wegen meines Übermuts so einiges zu Bruch ging – nicht nur meine Knochen. Ich wollte immer alles ausprobieren. Zum Beispiel, ob man sieben Treppenstufen auf einmal runterspringen kann oder ob es möglich ist, beim Fangenspielen eine Abkürzung durch die Glastür zu nehmen. Ich kann dir versichern, dass beides keine gute Idee ist. Ich glaube, ich war für meine Eltern ein richtig anstrengendes Kind. Wir mussten ständig in die Notaufnahme.

Mit etwa sieben Jahren begann ich dann mit dem Turmspringen. An meinen ersten Sprung vom Zehnmeterturm erinnere ich mich noch genau. Mir war klar, dass das richtig wehtun kann, aber ich habe mich trotzdem riesig darauf gefreut. Angst vor Höhe, Geschwindigkeit oder Schmerz kannte ich ja nicht. Mit den Jahren kam aber irgendwann die Angst davor, zu versagen. Das geht wohl jedem Profisportler so, denn wenn man Sport als Beruf ausübt, dann hängt da ja ganz viel dran. Man verdient nur Geld, wenn man das richtig gut macht. Wirklich groß wurde diese Angst bei den Olympischen Spielen 2021. Die Erwartungen an mich waren riesig. Als ich nach dem Sprung hörte, dass mein Sprungpartner und ich im Synchronspringen eine Medaille gewonnen hatten, kam aus mir ein ganz lauter Schrei der Erleichterung.

Die Erwartungen an mich waren riesig.

Geheimtipp:

Wenn du Angst hast, schüttet dein Körper den Botenstoff Adrenalin aus. Dieser Stoff macht, dass dein Herz rast und du ganz zitterig wirst. Adrenalin macht aber auch total stark, konzentriert und blitzschnell. Diese Kraft kannst du nutzen, um mutig zu sein und etwas richtig, richtig gut zu machen.

Constanze Hill

Coach, Autorin und
psychologische Beraterin

In der Dunkelheit kannst du Vertrauen üben.

Noch nie in meinem Leben hatte ich Angst vor der Dunkelheit. Das liegt daran, dass ich blind geboren wurde und deshalb nur Dunkelheit kenne. Dafür gab es natürlich andere Dinge, die mir als Kind Angst machten. Das Geräusch summender Fliegen fand ich zum Beispiel gruselig, und ich hatte manchmal Angst, wieder gehänselt zu werden. Meine Mutter hat dann immer gesagt: „Du verpasst nichts, Constanze. Kinder, die die Zunge rausstrecken, sind kein schöner Anblick!" Überhaupt haben meine Eltern mich immer sehr ermutigt und mir versichert, dass ich alles sein und werden kann, was ich will, und dass ich gut so bin, wie ich bin.

Mittlerweile arbeite ich als Coach und Beraterin und sehe es oft sogar als Vorteil an, blind zu sein. Die Menschen, die zu mir kommen, sehe ich mit dem Herzen, nicht mit den Augen.

Ich sehe Menschen mit dem Herzen.

Das gibt mir einen ganz besonderen Blick auf sie. Und auch in meinem Privatleben schenkt mir das Blindsein wertvolle Erfahrungen. Ich muss ständig meine Komfortzone verlassen und mutig sein. Wenn ich zum Beispiel beim Überqueren einer Straße einen fremden Menschen um Hilfe bitte, sehe ich nicht mal, ob dieser Mensch freundlich aussieht. Das, was ich in mir trage, nennt man wohl nicht ohne Grund „blindes Vertrauen".

Geheimtipp:

In der Dunkelheit kannst du versuchen, deine anderen Sinne zu schärfen. Das übst du am besten in einer freiwilligen Dunkelheit, also wenn du bei Licht die Augen schließt und keine Angst hast. Hör, riech und taste mal ganz genau. Was kannst du alles erkennen? Ich wette, es ist mehr, als du dachtest. Erinnere dich an diese Erfahrung, wenn in der Dunkelheit die Angst kommt.

Alvaro Soler

Musiker und Sänger

Lass dir von der Angst nicht den Spaß verderben!

Vielleicht würde man das von mir gar nicht denken, aber ich hatte früher Angst vor Quallen und anderen Tieren im Wasser, die einem wehtun können. Und das, obwohl ich am Meer aufgewachsen bin und eigentlich jedes Wochenende meine Zeit am Strand und im Meer verbracht habe. Meine Eltern erzählen heute noch, dass ich immer erst mal mit meiner Taucherbrille ins Wasser gesprungen bin, um die Umgebung genau zu checken, bevor ich mich dann ohne Brille ins Meer traute. Einmal hat meine Cousine beim Händewaschen am Ufer in eine giftige Qualle gefasst und sie sich vor Schreck ins Gesicht geschmissen. Das hat meine Einstellung zu der Sache nicht gerade besser gemacht.

Aus heutiger Sicht würde ich sagen, ich hatte wohl vor allem Angst vor den Schmerzen, aber auch ein bisschen vor dem Unbekannten, das da im Wasser lauern könnte. Das Blöde an der Angst ist, dass sie einem so richtig den Spaß verderben kann. Heute lasse ich das nicht mehr so zu wie früher und habe gelernt, besser mit dem Gefühl umzugehen. Ich spüre die Angst noch – übrigens auch die vor Quallen –, aber ich versuche dann ganz bewusst, mir den Moment nicht von ihr verderben zu lassen. Manchmal fordere ich sie sogar richtig heraus. Einmal bin ich zum Beispiel mit einem Fallschirm aus einem Flugzeug gesprungen, um meine Höhenangst zu überwinden. Das war krass, aber es hat auf jeden Fall geholfen.

Geheimtipp:

Gib deiner Angst nicht die Erlaubnis, dir den Spaß zu verderben. Vorsicht ist nie verkehrt, aber die Angst sollte nicht die Schönheit deines Augenblicks zerstören. Wenn sie das mal wieder versucht – und das macht sie gerne –, schließe die Augen, atme einmal ganz tief ein und entscheide dich, sie mit dem Ausatmen loszulassen.

Laura Maire

Schauspielerin und
Synchronsprecherin,
Stimme von Alea Aquarius

Es braucht nur ein entspanntes Lebewesen in deiner Nähe.

Ich habe als Kind die Begegnung mit der Angst vielleicht sogar ein bisschen gesucht. Das Gefühl faszinierte mich irgendwie. Nur um ein bisschen Gänsehaut zu bekommen, bin ich zum Beispiel allein in den alten modrigen Keller unseres Bauernhauses gegangen. Dort war es stockdunkel, und es roch nach feuchter Erde und fauligen Kartoffeln. Ein paarmal habe ich mich sogar zusammen mit anderen Kindern nachts auf den Friedhof geschlichen. Das war echt unheimlich. Aber es war gut, dass ich mich ein bisschen abgehärtet habe. Denn als ich mit zehn Jahren anfing, Filme zu synchronisieren, wurde es noch gruseliger. Einer meiner ersten Filme hieß „Interview mit einem Vampir".

Geheimtipp:

Such dir einen entspannten Menschen oder ein entspanntes Tier, in dessen Nähe du dich aufhalten kannst. Wenn gerade niemand da ist, hilft es auch, ganz schnell zu rennen. Dein Körper denkt dann, dass du dich von der Gefahr entfernt hast. Ob das wirklich so ist, ist der Angst zum Glück egal.

Jetzt spiele ich immer noch manchmal in Furcht einflößenden Filmen mit, aber da man selbst beim Dreh dabei ist, macht das keine Angst. Wenn man nur die deutsche Stimme spricht, ist das anders. Dann muss man sich ja den fertigen Film ansehen, und dabei erschrecke ich mich schon zwischendurch. Nach solchen Jobs ist es ganz besonders wichtig, aus der Rolle und vor allem aus der Angst wieder in mein echtes Leben aufzutauchen. Das mache ich, indem ich mit lieben Menschen spreche oder Sport mache. Eigentlich brauche ich nur ein entspanntes Lebewesen in meiner Nähe, um mich auch selbst wieder zu entspannen.

Mich zu gruseln, macht mir keinen Spaß mehr.

Daniel Duddek

Gründer von „Stark auch ohne Muckis", Bestseller-Autor, Pädagoge und Mentaltrainer

Werde zum Detektiv für das Gute in diesem Moment!

Wenn man – wie ich früher – eher klein ist und jünger aussieht als Gleichaltrige, dann kann das ganz schön verunsichern. Als meine Freunde schon längst einen Bart bekamen, sah ich noch wie ein kleiner Junge aus. Das hat mich extrem gestört, und ich dachte oft, dass mich andere deshalb auslachen oder nicht ernst nehmen. Jetzt, im Rückblick gesehen, habe ich einfach nur ein paar Sprüche kassiert wie jeder andere in dem Alter auch. Diese Sprüche fühlten sich bloß so schlimm für mich an, weil ich selbst ein Problem mit mir und meinem Aussehen hatte. Ich fühlte mich gemobbt und ausgeschlossen, aber im Grunde habe ich mich vor allem selbst gemobbt und kleingemacht.

Jetzt, als Erwachsener, arbeite ich als Mentaltrainer mit Kindern, um sie auf ein starkes Leben vorzubereiten, ganz ohne die Muckis benutzen zu müssen. Es geht vor allem um mentale Stärkung. Wir machen Übungen und spielen Situationen nach, um den Umgang mit den eigenen Gefühlen und den Gefühlen der anderen zu lernen. Dabei besprechen wir auch, dass es gar nicht so wichtig ist, was andere über uns denken. Meine Botschaft an die Kids ist: Versuch, dich fair und respektvoll zu verhalten, dann können die anderen sagen und denken, was sie wollen. Und weißt du was? Die Kinder, die andere ärgern, werden sicher auch von irgendjemandem unschön behandelt. Denn kein Kind wird gemein geboren!

Geheimtipp:

Werde zum Detektiv für das Gute! Genau wie mit einem Fotoapparat vor dem Auge sehen wir im Leben meist nur den Ausschnitt, auf den wir uns konzentrieren. Gibt es etwas ganz Sicheres, Schönes und Wertvolles in deinem Leben, auf das du deinen inneren Fotoapparat in diesem Moment richten könntest?

Hendrikje Balsmeyer

Lehrerin und
Kinderbuch-Autorin

Mach Platz für schöne Träume und Gedanken!

Von klein auf war ich es gewohnt, allein in meinem Bett zu schlafen. Ich hatte keine Geschwister, mit denen ich mir ein Zimmer hätte teilen können, also habe ich früh gelernt, mit mir in der Dunkelheit klarzukommen. Ich brauchte einfach nur ein bisschen Licht und die Gewissheit, dass meine Tür nicht ganz zu ist, dann war alles gut, und ich fühlte mich sicher.

Nicht mein eigenes Dunkel.

Ganz anders sah es aber aus, wenn ich woanders als zu Hause schlief, zum Beispiel bei Oma und Opa. Wenn ich nicht jeden Winkel, jedes Geräusch und jede Eigenart des Hauses kannte, dann fand ich die Dunkelheit ziemlich gruselig. Es war dann einfach nicht mein „eigenes Dunkel", wie es Astrid Lindgrens Lotta aus der Krachmacherstraße mal so schön genannt hat. Und fremdes Dunkel hat mir Angst gemacht. Heute weiß ich, dass das nicht nur an der Dunkelheit liegt, sondern auch daran, dass der Körper abends Botenstoffe aussendet, die gedankenvoller machen.

Geheimtipp:

So, wie du dein Kinderzimmer aufräumst, um nicht mehr über all die Spielzeuge zu stolpern, kannst du abends auch deine Gefühle und Gedanken ordnen. Das ist auch gar nicht so anstrengend wie echtes Aufräumen. Es passiert ganz automatisch, wenn du die tollsten und schlimmsten Erlebnisse des Tages mit jemandem teilst. Sobald du sie laut ausgesprochen hast, purzeln die Gedanken nicht mehr so querbeet durch den Kopf, und du hast ganz viel freien Platz für schöne Träume und Pläne, die dich in der Nacht begleiten.

Can

ist am liebsten draußen in der Natur und liebt es, kleinen Insekten das Leben zu retten. Sein Traum ist es, mal einen anderen Planeten zu besuchen.

Ich habe Angst davor, jemanden zu verlieren, den ich mag.

Ich habe nicht vor vielen Dingen Angst. Aber abends im Bett mache ich mir oft Sorgen, dass jemandem etwas passieren könnte, den ich gerne mag. Ich stelle mir dann vor, dass meine Eltern nicht mehr da sind oder meinem besten Freund Emilio etwas zustoßen könnte. Solche Gedanken machen mir richtig Angst. Meist gehe ich in solchen Momenten zu meiner Mutter und kuschle mich an sie. Sie sagt dann, dass sie erst stirbt, wenn ich ein Opa bin. Aber so richtig weg geht die Angst davon auch nicht … Es kann ja immer was passieren. Manchmal sterben ja auch Leute, die noch gar nicht alt sind.

Dein Patentipp

Lieber Can,

du bist ganz und gar nicht alleine mit deiner Angst! Du teilst sie vermutlich mit jedem einzelnen Menschen auf der Welt, auch mit mir. Wenn wir Angst haben, jemanden zu verlieren, dann zeigt uns das, wie wertvoll dieser Mensch in unserem Leben ist. Verlustangst ist also vor allem ein Zeichen großer Liebe und Dankbarkeit. Und du hast recht: Es gibt keine Garantien im Leben, das ist schwer zu ertragen. Was ich aber ganz sicher weiß: Geliebte Menschen sind auf gewisse Weise unsterblich. Denn je besser wir Menschen kennen, desto genauer wissen wir, was sie sagen, machen oder raten würden. Ihre Meinung und ihre Gedanken leben so auch in uns. Wenn die Angst wieder einmal kommt, dann kuschle dich extrafest an die Person an, um die es geht, inhaliere ihre Anwesenheit und bleib in Gedanken ganz im Jetzt. So hilft dir deine Angst vielleicht sogar, das Leben und die tollen Menschen darin voll und ganz zu genießen

Deine Angstpatin
Johanna Fröhlich Zapata, Coach

Juri Tetzlaff

Kindermoderator beim KiKA

Gegen Angst hilft eine Prise Magie!

Bei Tageslicht war ich ein eher unerschrockenes Kind. Wenn es darum ging, auf Felsen zu klettern oder sich gefährliche Dinge zu trauen, war ich immer ganz vorne mit dabei. Aber wenn die Sonne unterging und ich ins Bett gehen sollte, dann kam die Angst. Erst war es irgendwie so eine komische Furcht vor Monstern oder so, aber irgendwann hatte ich dann vor allem Angst vor der Angst. Ich bin fast jede Nacht mit meinem Bettzeug zu meinen Eltern ausgewandert. Zum Glück haben sie das ganz entspannt gesehen. Eines Tages zog ich dann in ein neues Zimmer, von dem aus ich den Schein einer Straßenlaterne beobachten konnte. Das war unglaublich beruhigend und fühlte sich ein bisschen wie Magie an, dass dieses Licht, das die ganze Nacht schien, stärker war als meine Angst. Als ich erwachsen war, habe ich mich dann übrigens sogar einmal getraut, ganz alleine in einem Wald zu schlafen. Das war schon ein bisschen gruselig, aber auch dort waren das Mondlicht und dann am frühen Morgen die ersten Sonnenstrahlen wie ein magischer Trost. Das war eine sehr schöne Erfahrung, und ich war danach unglaublich stolz auf mich. Du siehst, mit der Zeit kann man immer mutiger werden …

Geheimtipp:

Glaube an Magie! Magie hilft immer! Schon ein kleines Licht kann die Dunkelheit in etwas Beruhigendes verwandeln … Und wusstest du, dass gegen Angst vor Monstern und Gespenstern Spray hilft? Ganz egal, ob es Wasserspray, ein bisschen Deo oder ein Raumduft ist, gruselige Gedanken mögen kein Spray und gehen schon nach dem ersten Sprüher ganz und gar freiwillig. Probier es mal aus!

Ljuba Krause

trainiert die Kampfkunst Shinson Hapkido, studiert Sport und arbeitet ehrenamtlich beim Kinder- und Jugendtelefon.

Versuche, dich selbst zu spüren!

Als kleines Mädchen konnte ich nicht gut Nein sagen, wenn jemand eine Bitte an mich hatte. Ich wollte einfach nie jemanden enttäuschen. Dabei hat mich meine Mutter eigentlich immer ermuntert, zu sagen, was ich will und brauche. Aber als Kind ist das wirklich nicht so einfach. Man kann sich ja nicht wie Erwachsene hinter einem vollen Terminkalender verstecken und sagen, dass man gerade so gar keine Zeit hat. Man muss total ehrlich sein und sagen: „Nein, das will ich nicht!" Und das kann einem ganz schön Angst machen, wenn man niemanden traurig machen möchte.
Mittlerweile habe ich gelernt, meine Grenzen zu stecken, auch wenn es andere enttäuscht. Vielleicht hat mir dabei auch mein Lieblingskampfsport Shinson Hapkido geholfen. Bei diesem Sport will man nur sich selbst schützen und dabei keinem wehtun. Es geht also um ein Miteinander, kein Gegeneinander. Bei den Gürtelprüfungen muss man manchmal allerdings ganz schön krasse Sachen machen, zum Beispiel rückwärts von einer Stuhllehne stürzen, um die Falltechnik zu zeigen. Wenn ich Kinder trainiere, dann ermutige ich sie immer, Nein zu sagen, wenn sie zu so etwas noch nicht bereit sind. Denn die eigenen Grenzen sollte man nur ganz und gar freiwillig verschieben!

Geheimtipp:

Im Shinson Hapkido sammeln wir mit dem Atem Kraft in unserem Unterbauch. Das hilft richtig gut. Wenn du Angst hast, ist es auch hilfreich, sich und die Umgebung genau zu spüren. Klopf dazu sanft auf deine Schenkel und dein Gesicht. Auch deine Umgebung kannst du abklopfen. Das hilft dir, aus deinen Gedanken wieder ganz ins Hier und Jetzt zu kommen.

Marcus Lankow

Hausmeister in einer Kita

Angst darf man nicht verbieten. Nicht mal sich selbst!

Als ich sechs Jahre alt war, kam ein Talentscout zu uns in die Schule und suchte Kinder aus, die er für besonders talentierte Sportler hielt. Er fand, dass ich ein prima Boxer sein könnte und holte mich an eine besondere Sportschule. Dort lernte ich das Boxen und übte jeden Tag. Irgendwann ging ich dann sogar in ein Sportinternat, in dem Sportler vor und nach der Schule ganz viel trainieren. Es war aufregend und auch irgendwie toll, Preise zu gewinnen und erfolgreich zu sein, aber ich stand wahnsinnig unter Druck. Mit dieser Angst, zu versagen, musste ich aber alleine klarkommen, denn damals galt: „Jungs haben keine Angst, und Boxer schon gar nicht!"
Dass das Quatsch ist, habe ich erst viel später gemerkt, als ich sehr krank wurde und gleichzeitig erfuhr, dass ich Vater werde. Ich musste immer wieder ins Krankenhaus, manchmal monatelang, und ich hatte große Angst, ob ich überhaupt für meine Familie da sein kann. Das ist jetzt schon zwanzig Jahre her, aber in dieser Zeit habe ich mir geschworen: Meine Kinder sollen mir immer sagen können, wenn sie Angst haben. Sie sollten niemals mit diesem Gefühl alleine sein und sich immer beschützt fühlen, denn gemeinsam ist man immer stärker.

Kinder sollten immer sagen können, wenn sie Angst haben.

Geheimtipp:

Die eigenen Gefühle zuzulassen und sich nicht für sie zu schämen, ist eine wunderschöne Form der Stärke. Sprich darüber und verbiete dir die Angst nicht. Du wirst sie viel besser bewältigen, wenn du dich bei jemandem anlehnen kannst, auch einfach mal weinen darfst und dich damit nicht alleine fühlen musst.

Milagrosa Abalos-Körner

Hebamme

Du kannst dir in der Angst selbst ein Freund sein.

Ich bin auf den Philippinen aufgewachsen, einer Inselgruppe mitten im Pazifischen Ozean. Es ist traumhaft schön dort, die Strände sehen so wunderhübsch aus wie die auf Fototapeten, und es ist fast immer Badewetter. Aber im Wasser, da schwimmen eine Menge Haie herum. Dort, wo meine Geschwister und ich gerne baden gingen, kamen sie auch manchmal bis ganz nah an den Strand. Wenn ich im Meer war, dann hatte ich immer große Angst, dass mir einer dieser Haie begegnet. Eigentlich war das Quatsch, weil ich wirklich nie gehört habe, dass an diesem Strand ein Hai je irgendwem etwas getan hat. Aber Angst kann man auch mit den besten Argumenten nicht wegreden. Das zu wissen, ist gut, wenn man wie ich als Hebamme Babys auf die Welt holt. Manche Mamas haben vor der Geburt ein bisschen Angst, weil sie nicht so richtig wissen, was wohl auf sie zukommt. Dann rede ich gar nicht so viel, sondern bin einfach bei ihnen, halte ihre Hand und versuche, so gut wie möglich für sie da zu sein.

Geheimtipp:

Sei freundlich zu dir, wenn du Angst hast, und hör in dich hinein, ob es auch einen Teil in dir gibt, der trotz deiner Angst noch stark und mutig ist. Konzentrier dich ganz doll auf diesen Teil in dir. Man kann sich sogar selbst die eigene Hand halten. Schließlich hat man zwei davon … und eine Hand ist immer ein bisschen stärker als die andere. Probier mal aus, welche deine mutige Hand ist, die der anderen Halt geben kann.

Karsten Schröder

Feuerwehrmann und
Notfallsanitäter

Der Körper darf die Gedanken mit Blaulicht überholen!

Ich muss ungefähr vier oder fünf Jahre alt gewesen sein, als meine große Schwester mir erklärt hat, dass unser Lichtschalter supergefährlich ist. Dieser Schalter summte leise, wenn man das Licht dimmte, so wie viele Dimmer. Wir waren allein, als sie mir das zeigte und sagte, dass bei einem solchen Summen das Haus gleich explodiert. Ich habe panisch meinen Teddy gepackt, bin heulend rausgerannt und habe draußen auf unsere Eltern gewartet. Dabei war das nur Quatsch. Um den Ruf meiner Schwester zu retten: Manchmal haben wir uns auch gegenseitig beschützt. Bevor wir in den Keller gingen, haben wir uns zum Beispiel gemeinsam mit Tennisschlägern bewaffnet. Bei Kellern weiß man ja nie …

Jetzt als Feuerwehrmann komme ich manchmal wirklich in gefährliche Situationen. Risiken gehören zu meinem Beruf dazu. Ich habe aber gelernt, zwischen Angst und Respekt zu unterscheiden, denn Angst lähmt, und einen Feuerwehrmann, der starr vor Schreck vor den Flammen steht, kann ja keiner gebrauchen. Ich schätze die Gefahr meist ganz genau ab und überlege dann, was zu tun ist. Wenn mein Kopf „Okay, mach das!" sagt, dann mach ich es, ganz egal, was die Angst dazu sagt. Das klappt übrigens nicht nur bei meiner Arbeit, sondern auch im Kletterpark, auf dem Sprungbrett im Schwimmbad oder wenn du ein Referat halten musst.

Geheimtipp:

Dein Körper kann die Angst mit Blaulicht überholen. Sobald du sicher bist, dass du dich nicht unnötig in Gefahr begibst, kannst du einfach loslegen, noch bevor die Angst „Stopp!" brüllen kann. Das klappt wirklich! Hast du das vielleicht sogar selbst schon mal gemacht, um dich zu etwas zu überwinden?

Ranga Yogeshwar

Wissenschaftsjournalist
und Autor

Die Welt spiegelt dich.

Ich hatte das große Glück, in einer sorgenfreien Umgebung aufzuwachsen. Meine Mutter war eher ein furchtloser Mensch und hat uns Kinder immer in unserem Handeln bestärkt, eigene Wege zu gehen. Durch diese Kindheitserfahrungen habe ich mir auch später viel zugetraut. Als junger Mann habe ich zum Beispiel längere Zeit im Himalaya verbracht. Dort gab es Wölfe, Bären oder Leoparden. Ich hatte keine Angst vor diesen Tieren, denn sie sind scheu und flüchten vor uns Menschen.
Gefährlich wird es nur bei überraschenden Begegnungen, daher trug ich ein kleines Glöckchen am Rucksack. Ich erinnere mich an wunderbare Erfahrungen und an Nächte, die ich allein im Freien verbrachte. Ich erlebte eine berührende Verbundenheit mit der Natur. Oft war ich dabei völlig auf mich gestellt, und in solchen Situationen wächst das Gefühl der Eigenverantwortung. Natürlich hilft es manchmal, einen Plan B zu haben, falls etwas schiefgeht, jedoch geht es im Leben vielmehr um Chancen und Offenheit und nicht um Angst und Verteidigung.

Geheimtipp:

Angst ist oft nur ein Gedanke, eine Vorstellung, und die hat wenig mit der Realität zu tun. Unsere Perspektive auf die Welt ist wie ein Spiegel. Wenn du sehr ängstlich bist, nimmst du auch all die Dinge wahr, die dir Angst einjagen könnten. Wenn du jedoch mit Zuversicht in die Welt blickst, wirst du mit guten Erfahrungen beschenkt. Es kommt also auf deine eigene Haltung an. Und manchmal muss man sich trauen. Meine Großmutter sagte immer: „Mut ist bezwungene Angst."

Inger Nilsson

Schwedische Schauspielerin

Gemeinsam ist man stärker!

In meiner Heimat Schweden ist es im Juni fast die ganze Nacht taghell, doch im Winter geht die Sonne sehr früh unter. Stell dir vor, im Dezember gibt es täglich überhaupt nur etwa sechs Stunden Tageslicht, schon um drei Uhr nachmittags ist es wieder dunkel. Das mochte ich als Kind überhaupt nicht, Dunkelheit hat mich immer gegruselt.

Das Gute war, dass ich in den ersten zehn Jahren meines Lebens nie alleine schlafen musste. Für drei Kinderzimmer hatten wir keinen Platz in unserer kleinen Wohnung in Stockholm. Das Zimmer zu teilen, war tagsüber manchmal nervig, aber nachts war ich ganz schön froh, den gleichmäßigen Atem meines großen Bruders zu hören. Wenn dann noch ein wenig Licht durch den Türspalt fiel, ging es mir gut. Dann war die Angst gut aushaltbar.

Geheimtipp:

Zwing dich nicht, allein zu sein, wenn du Angst hast. Es ist eine eher neue Erfindung, dass Kinder von Anfang an ganz allein in einem Zimmer schlafen. Wenn gerade niemand bei dir schlafen kann, hilft auch ein Kuscheltier sehr! Vielleicht hast du eines, das sehr mutig ist?

Eva-Maria Krüger
Grundschullehrerin

Du musst die Angst niemals alleine tragen!

Als ich 2020 am Tag der Einschulung ein Mädchen aus meiner neuen ersten Klasse weinen sah, wusste ich haargenau, wie sie sich fühlte. Genau so hatte auch ich bei meiner Einschulung geweint. Ich weiß noch, dass ich wirklich große Angst hatte. Ich hatte einfach nie einen Kindergarten besucht und war es gewohnt, bei meiner Familie zu bleiben. So muss es auch für die Kinder gewesen sein, die in der Pandemie so viel Zeit zu Hause verbracht haben und dann in die Schule kamen. Die Tränen dieses Mädchens haben mich jedenfalls mitten ins Herz getroffen.

> Den besten Rat finden Kinder meist in sich selbst.

Kinder habe ich schon immer geliebt und ich finde es wunderschön, sie in dieser so wichtigen Zeit ihres Lebens begleiten zu dürfen. Ich sehe es als Geschenk, wenn sie sich mit ihren Sorgen an mich wenden und mich um Rat fragen. Meist tragen sie den allerbesten Rat aber längst in sich selbst, und ich muss nur die richtigen Fragen stellen. Ich finde, Kinder müssen noch nicht mit jedem Gefühl allein zurechtkommen. Um genau zu sein, müssen das nicht mal Erwachsene. Es gibt zum Glück meist irgendwo ein offenes Ohr und einen Menschen, der einem hilft, das Chaos in sich zu ordnen.

Geheimtipp:

Glaub nicht, dass du mit der Angst allein klarkommen musst. Schütte jemandem dein Herz aus und erzähle ganz genau, wovor du dich fürchtest. Je genauer du erzählst, desto deutlicher zeigt sich auch der Weg, der aus der Angst rausführt. Diesen Weg findest du zwar am besten im Gespräch, aber in Wahrheit kommt er ganz allein aus deinen eigenen Gedanken.

Robert Gorzka

Einsatzpsychologe bei der Bundeswehr

Du kannst lauter sein als deine Angst!

Im Leben hat man meist verschiedene Phasen mit ganz unterschiedlichen Ängsten. Eine Zeit lang hatte ich als Kind zum Beispiel Angst vor Gewitter und Dunkelheit, später hatte ich eher Probleme, mit fremden Menschen zu sprechen. Irgendwann waren all diese Phasen dann immer vorbei, und es kamen neue. Dass das bei Menschen – übrigens nicht nur bei Kindern – so ist, hat damit zu tun, dass wir ständig dazulernen. Das kann uns beruhigen oder aber auch beunruhigen. Deshalb ist es so wichtig, dass wir uns mit unserer Angst beschäftigen. Denn nur, wenn wir genau hinsehen und verstehen lernen, erscheint uns eine Sache irgendwann weniger Furcht einflößend. Einfach, weil wir gelernt haben, besser damit umzugehen.

Das Gehirn speichert auch Gedanken als Erfahrung.

Geheimtipp:

Laut mit jemandem zu sprechen, hilft gut gegen Angstzustände. Wenn gerade niemand da ist, kannst du auch mit dir selbst sprechen und dir Mut machen, so wie es zum Beispiel Pippi Langstrumpf macht, wenn sie alleine ist. Mich wundert es kein bisschen, dass sie so stark und mutig ist, denn sie beherrscht die Kunst der Selbstgespräche absolut perfekt.

Dir dauernd schreckliche Sachen im Kopf auszumalen, wäre das Schlechteste, was du bei Angst machen könntest. Denn auch das speichert dein Gehirn als Erfahrung, was die Angst dann leider verschlimmert. Wenn ich mit den Soldaten in einem Kriegsgebiet bin, wäre es auch für mich nicht klug, ständig darüber nachzudenken, was uns alles passieren könnte. Stattdessen bin ich dort einfach sehr wachsam. In gefährlichen Situationen mache ich mir auch manchmal selbst Mut, mit Sprüchen wie: „Und weiter geht´s!" Das sage ich einfach so laut, dass meine Stimme noch lauter ist als meine Angst.

Tanja Mairhofer

Moderatorin, Autorin
und Schauspielerin

Die Angst wird weiterziehen wie eine Regenwolke.

Als meine Oma mit meiner Mutter schwanger war, musste sie mit vier weiteren Kindern aus Jugoslawien fliehen. Meine Familie redete oft von dieser Flucht. Sie nahmen damals nur mit, was in einen kleinen Bollerwagen passte. Ich habe als Kind oft darüber nachgedacht und hatte manchmal Angst, auch meine Spielsachen zu verlieren. Innerlich hatte ich immer eine Liste mit den Dingen, die ich im Notfall in den Bollerwagen packen würde. Auf Platz 1 stand mein Kuschelschwein. Das habe ich bis heute noch.

Geheimtipp:

Jedes Gefühl zieht irgendwann weiter wie eine Regenwolke. Auch die Angst. Genau wie eine Regenwolke kannst du sie nicht einfach wegdrücken. Aber es ist gut, wenn man in der Angst schon weiß, dass irgendwann die Sonne wieder rauskommt. Ich verspreche dir: Bei mir war es bisher immer so.

Mittlerweile fällt es mir nicht mehr so schwer, mich von Gegenständen zu trennen. Ganz im Gegenteil, zu viel Besitz überfordert mich. Es fühlt sich so an, als würde es mich erdrücken, wenn ich zu viele Sachen habe oder auch zu viel Medienkram auf mich einprasselt. Aus meiner Angst vor „zu wenig" wurde also eher eine Angst vor „zu viel". Obwohl diese Ängste beinahe wie Gegensätze wirken, sind sie es eigentlich gar nicht: Es hat mich wohl einfach schon immer beschäftigt, was wirklich zählt im Leben, was man wirklich braucht und was Besitz und Verlust mit einem machen kann.

Maxine Klug

Kindermoderatorin

Blöde Momente überlebt man meist unbeschadet!

In der Grundschule hat mir Sportunterricht immer viel Spaß gemacht. Aber später auf dem Gymnasium gab es plötzlich solche Leistungstabellen für die Noten. Obwohl ich sportlich bin, haben mich diese Tabellen und Anforderungen eingeschüchtert. Ich habe mich schon Tage vorher verrückt gemacht, dabei gab es gar keinen Grund für mich, die Tabellen und Leistungsabnahmen zu fürchten. Aber ich dachte immer, dass ich es bestimmt in genau diesem Moment nicht schaffe, die geforderte Leistung zu bringen. Ich will mir gar nicht vorstellen, wie es Kindern geht, die generell nicht so gerne Sport machen … Rückblickend mag ich diese Art, Sportnoten zu vergeben, noch immer kein bisschen. Ich finde sie einfach unfair. Jeder hat ganz unterschiedliche körperliche Voraussetzungen, was die Tabellen absurd macht. Sollte es beim Sport nicht vielmehr darum gehen, wie viel Mühe man sich gibt, wie gut man dazulernt, ob man anderen hilft und wie fair man sich verhält? Ich glaube, wenn die Noten so zustande kämen, würde das vielen Kindern eine große Angst nehmen und ihnen wieder mehr Freude an Bewegung und Sport in der Schule schenken. Bei mir wäre es jedenfalls ganz sicher so gewesen!

Geheimtipp:

Gegen Versagensängste bei jeder Art von Prüfung hilft es sehr, sich zu fragen, was wirklich passieren würde, wenn es ganz schlimm läuft. Wäre dein Patzer ein Leben lang peinlich? Eine jahrelange Katastrophe? Eher unwahrscheinlich! Bei mir wären selbst die allerschlimmsten Fälle, die ich mir vorstellen konnte, meist einfach nur blöde Momente gewesen. Und blöde Momente überlebt man zum Glück meist vollkommen unbeschadet.

Sebastian

spielt gerne Tischtennis und Fußball. Wenn du erwachsen bist, bringt er dich vielleicht eines Tages als Lokführer oder Busfahrer an dein Ziel.

Ich weiß, dass man Angst überwinden kann!

Vor etwa zwei Jahren hat uns der Arzt geraten, jeden Abend Wachstumshormone zu spritzen. Da bei mir an einem Gen ein Ministückchen fehlt, würde ich ohne die Spritzen wahrscheinlich sehr klein bleiben. Die Hormone bewirken, dass ich wachse. Erst hatte ich große Angst vor den Spritzen. Meine Eltern haben sie mir jeden Abend gegeben, und ich fand das überhaupt nicht gut. Mit der Zeit habe ich gemerkt, dass dieser kleine Piks gar nicht wehtut, und habe mich getraut, es auch einmal selbst zu probieren.
Mittlerweile weiß ich genau, wie viele Milliliter ich in die Spritze aufziehen muss und kann das komplett selbstständig machen. Das bedeutet für mich ein großes Stück Freiheit, da ich nun auch ohne Eltern bei Freunden übernachten und auf Klassenfahrt gehen kann. Mein Mut wurde auf jeden Fall belohnt, und ich weiß jetzt, dass ich meine Ängste überwinden kann. Warum das mit meiner Angst vor Spinnen und allen fliegenden Insekten leider noch kein bisschen funktioniert, ist mir ein Rätsel. Die gibt es ja auch schon immer in meinem Leben, aber ich kann mich einfach nicht an sie gewöhnen …

Dein Patentipp

Lieber Sebastian,
wenn du schon so viel geschafft hast, bekommst du auch das auf jeden Fall hin, da bin ich mir ganz sicher! Es könnte dir helfen, mehr darüber zu erfahren, wie nützlich Insekten sind. Such dir am besten erst einmal ein Insekt aus und werde dann ein richtiger Experte. Wie wäre es mit der Hausspinne für den Anfang? Die frisst Mücken, schützt dich so vor Stichen und hat die gleichen Superkräfte wie Spiderman. Faszinierend, oder? Viel Spaß beim Erforschen!

Deine Angstpatin Dr. Dagmar Brandi,
Kinderärztin und Psychotherapeutin

Suzanna Randall

Astrophysikerin, voraussichtlich eine der ersten beiden deutschen Astronautinnen im All

Hör deiner Angst gut zu und wäge ab!

In meiner Kindheit hatte ich Ängste, die wahrscheinlich fast jedes Kind kennt. Ich habe mir abends im Bett vorgestellt, dass Einbrecher kommen könnten oder irgendetwas Unheimliches in der Dunkelheit vor sich geht. Ich glaube, das gehört zum Großwerden dazu. Jetzt als Erwachsene setze ich mich auch noch viel mit dem Thema Angst auseinander. Schließlich bereite ich mich darauf vor, ins Weltall zu fliegen. Das ist ein tolles Abenteuer, aber eben auch gefährlich. Ich komme zwar immer wieder zu dem Schluss, dass sich das Risiko lohnt, aber ich habe trotzdem manchmal Angst davor.
Wie es sich dann wirklich anfühlen wird, den echten Countdown zum Start der Rakete zu hören, kann ich nicht sagen. Ich glaube, ich werde in dem Moment viel zu konzentriert sein, um Angst zu spüren. Aber die Nacht davor könnte hart werden. Gegen die Aufregung wird mir helfen, meinen Verstand einzuschalten. Denn ich weiß, dass ich in wenigen Stunden wieder auf der Erde sein könnte, wenn oben etwas schiefgeht. Ich habe dort außerdem Medikamente, Notfallpläne und fähige Menschen um mich herum, und das Team würde den Start auf jeden Fall verschieben, wenn technische oder gesundheitliche Probleme auftreten … es wird alles getan, um die Mission so sicher wie möglich zu machen. All das hilft gegen Angst. Und weißt du, was das Beste ist? Einbrecher gibt es im Weltall ganz bestimmt nicht!

Geheimtipp:

Hör deiner Angst gut zu, denn sie kann dich vor Gefahren bewahren. Wichtig ist nur, die Angst mit ganz vielen Infos zu futtern und dann den Verstand einzuschalten. Ist die Situation wirklich gefährlich? Oder wäre es besser, die Angst zu überwinden?

Die Nacht davor könnte hart werden.

Dr. Franz-Josef Acher

Rechtsanwalt

Erinnere dich an deine eigene Größe und Kraft!

Wenn ich an meine Kindheit denke, dann erinnere ich mich weniger an meine eigenen Ängste als vielmehr an die meiner Mutter. Sie verbot mir das Fußballspielen, das Pfadfindercamp, spannende Reisen mit meinem Vater und das Mitfahren in einer Eisenbahnlok. Ständig nahm mir ihre Angst die coolsten Möglichkeiten. Vielleicht bin ich deshalb später ein Abenteurer geworden. Ich wollte einfach nichts mehr aus Angst verpassen. Besonders viele Abenteuer habe ich zusammen mit meiner Frau beim Segeln erlebt. Es gibt nichts Atemberaubenderes, als mit der Kraft des Windes und dem eigenen Können das Meer zu überqueren, bis man am Ziel ist.

Einmal gerieten wir in einen üblen Sturm. Die Wellen türmten sich unter den schwarzen Wolken vierzehn Meter hoch auf, die Gischt peitschte uns ins Gesicht, der Wind schrie ohrenbetäubend, und wir mussten jede Welle in einem ganz bestimmten Winkel rückwärts mit dem Boot nehmen, um nicht zu kentern. Nach vielen Stunden waren wir so müde, seekrank und erschöpft, dass wir ans Aufgeben dachten. Doch wir rissen uns zusammen und schafften es! Nach achtzehn Stunden flaute der Sturm endlich ab, und uns wurde klar: Die Wellen waren groß, aber unser Durchhaltevermögen war größer. Als wir das nächste Mal in einen Sturm gerieten, hatten wir nicht mehr ganz so viel Angst. Da wussten wir ja schon: Wir können das!

Geheimtipp:

Wenn man sich klein und machtlos fühlt, kann man schon mal ans Aufgeben denken. Aber du bist größer als die Angst! Erinnere dich daran, indem du an einen Moment der Stärke und Kraft denkst. Falls dir nichts einfällt: Wie mutig war es bitte von dir, beim Laufenlernen nach jedem Sturz wieder aufzustehen und weiter zu üben?

Motsi Mabuse

mehrfache Deutsche Meisterin im Tanzen, Kinderbuch-Autorin, Jurorin bei „Let's dance“ und bei „Strictly Come Dancing“ in Großbritannien

Zeig dir und der Angst, dass du selbst über dich bestimmst!

Wenn ich als kleines Mädchen frech war oder zu viel Quatsch gemacht habe, dann haben meine Eltern mir oft damit gedroht, dass ich alleine vor die Tür muss – auch wenn es draußen dunkel war. Ich verstehe, warum sie das so sagten, und nehme ihnen das auch nicht übel, weil ich wirklich ein neugieriger kleiner Wirbelwind war, der nicht gut hörte und besonders meine Mama bestimmt richtig viele Nerven gekostet hat. Aber Angst hat mir ihre Drohung trotzdem gemacht, denn Dunkelheit war das Schlimmste für mich.

Ich spüre die Angst zuerst im Bauch.

Ein neugieriger Wirbelwind bin ich heute irgendwie immer noch, und so komme ich immer mal wieder in Situationen, vor denen ich mich etwas fürchte. Ich spüre das immer als Erstes in meinem Bauch und weiß dann schon: „Oh, oh, jetzt geht es los!" Der Körper ist ein großartiges Frühwarnsystem. Wenn ich also merke, dass mein Bauch mir sagt: „Achtung, die Angst kommt!", dann habe ich einen Trick, um der Angst zu zeigen, wer die Chefin über meinen Körper und meine Gefühle ist: Ich atme. Mal schnell, mal langsam, in verschiedenen Rhythmen, einfach so, wie ICH es will. Davon geht die Angst zwar nicht ganz weg – aber sie merkt doch, dass man mich so schnell nicht kleinkriegt. Und das macht sie viel weniger kraftvoll.

Geheimtipp:

Achte auf deine Atmung, du allein bestimmst den Rhythmus! Zeig der Angst so, wer der Chef oder die Chefin ist. Und wenn du die Angst in einem Moment mal so gar nicht gebrauchen kannst: Pack sie in deiner Vorstellung mit all den doofen Gefühlen in einen Koffer und versprich ihr, dich später um sie zu kümmern. Das klappt wirklich! So hast du einen Moment Ruhe und kannst dich genauer mit ihr beschäftigen, sobald du dazu bereit bist.

Boris Beimann
Auftritts- und
Wettkampfcoach

Sag ganz ehrlich, was du brauchst!

In meiner Kindheit hatte ich zwei große Hobbys: Tischtennis und Saxofon spielen. Das klingt erst mal nach zwei sehr unterschiedlichen Dingen, aber beides konnte ganz schön aufregend sein, wenn mir viele Menschen dabei zusahen. Ganz besonders gut kann ich mich an die Tischtennisspiele erinnern, bei denen mein Vater dabei war. Er fieberte total mit und ärgerte sich mindestens genauso sehr wie ich selbst, wenn ich einen Fehler machte. Gefühlt stand er fast mit mir an der Platte. Das hat mir manchmal so viel Stress gemacht, dass ich viel schlechter spielte.

Heute weiß ich, dass mein Vater einfach komplett mitfühlte und sich nicht über mich, sondern mit mir ärgerte. Aber früher konnte ich das nicht einordnen, und so gab es nur eine Lösung: Ich nahm all meinen Mut zusammen und schmiss Papa raus. Er durfte ab diesem Tag zu keinem Auftritt oder Spiel mehr kommen, und ich bin noch immer dankbar, dass er das respektierte. Wenn ich jetzt als Auftrittscoach mit Menschen arbeite, die wegen ihres Jobs auf großen Bühnen stehen, dann helfe ich ihnen auch immer, laut auszusprechen, was ihnen guttut. Denn ganz egal, ob man ein Kind oder schon erwachsen ist – wenn man Angst vor etwas hat, dann ist es immer erlaubt, den anderen oder auch sich selbst mal ehrlich zu sagen: „Hey, das brauche ich!“ oder auch „Das hilft mir gerade eher nicht!“.

Geheimtipp:

Leg deine Hand auf dein Herz und kraule die Stelle. Das ist ein Geheimtrick, um dem Herzen zu sagen, dass es besonders gut zuhören soll. Und dann sag diesen Mut-Satz immer und immer wieder: „Auch wenn ich gerade Angst habe, bin ich gut so, wie ich bin, und weiß, was ich kann!“

Teresa Garb

Krankenschwester in der Notaufnahme

Du kannst mit allem rechnen – vor allem mit dem Besten!

Ich hatte als Kind eine Riesenangst vor Hexen. Ich habe von ihnen geträumt, ganz viel über sie nachgedacht, und ich konnte abends nicht einschlafen, wenn ich mir ausgemalt habe, dass eine von ihnen zu mir kommen könnte. Bibi Blocksberg war die einzige, der ich einigermaßen traute. Aber diese fiesen mit der langen Nase und den bösen Augen, die fand ich einfach nur gruselig. Meine große Schwester hatte in ihrem Zimmer so eine Hexenpuppe hängen. Immer, wenn ich abends in ihr Zimmer kam, musste sie sie abhängen und in der untersten Schublade verstecken. Danach war ich richtig erleichtert, fast als hätte ich die Angst und die Hexe gleichzeitig besiegt.

Heute habe ich keine Angst mehr vor Hexen, aber ich treffe im Krankenhaus viele Menschen, die Angst haben. Vor einer Spritze, zum Beispiel, oder davor, was der Arzt ihnen sagen wird. Ich setze mich dann zu ihnen und spreche mit ihnen darüber, damit sie sich nicht alleine fühlen. Angst kann man nämlich nicht wie eine Hexenpuppe einfach in eine Schublade stecken. Aber man kann mit ihr reden. Zum Beispiel darüber, dass wahrscheinlich alles gut geht oder dass Spritzen eigentlich nur eine Sekunde lang wehtun.

Geheimtipp:

Wenn du dich sehr auf die Angst konzentrierst, wird sie größer und größer. Also denk besser an die Sache, die dir Angst macht, und starte einen „Ist-das-echt-so?“-Check. Je mehr du Situationen und Wahrscheinlichkeiten einschätzen kannst, desto besser kannst du dich auch mit deiner Angst unterhalten und sie beruhigen. Sie will dich nämlich eigentlich nur beschützen.

Andreas Werner

Bestatter

Man muss den Tod vor Kindern nicht verstecken.

Als Bestatter gehört es zu meinen Aufgaben, Beerdigungen vorzubereiten und durchzuführen. Ich habe also jeden Tag mit einem Thema zu tun, das nicht nur Kindern, sondern auch vielen Erwachsenen Angst macht. Sogar ich selbst kann nicht sagen, dass ich gar keine Angst vor dem Tod habe, denn niemand weiß ja so ganz genau, was danach passiert. Doch der Tod gehört zu jedem Leben dazu, und deshalb ergibt es keinen Sinn, das Thema wegzusperren. Oft erlebe ich, dass Eltern ihre Kinder nicht mehr zu verstorbenen Angehörigen lassen, um sich zu verabschieden. Ich halte das für einen großen Fehler, denn gerade Kinder sollten die Chance bekommen, den Tod wirklich zu begreifen.

Erinnerungen können nicht sterben.

Durch meinen Beruf komme ich häufig mit Menschen in Kontakt, die einen verstorbenen Menschen vermissen. Dabei sehe ich viele Tränen und große Verzweiflung, aber ich höre auch ganz viele wunderbare Erinnerungen. Wenn Kinder trauern, rate ich ihnen, ein Erinnerungsbuch zu führen und dort all das aufzumalen oder aufzuschreiben, was sie mit der Person erlebt haben. Ich verstehe sehr gut, wenn Menschen Angst davor haben, einen geliebten Menschen zu verlieren. Aber es ist wichtig, zu wissen: Erinnerungen können nicht sterben! Und auch, wenn ich die ganze Wahrheit noch nicht kenne, weiß ich ganz sicher: Die Seele verlässt den Körper, bevor wir ihn bestatten. Und ich habe im Gefühl, dass wir die Seelen, die wir lieben, irgendwann wiedersehen.

Geheimtipp:

Der Tod ist nicht gruselig, wenn man ihn als Teil des Lebens begreift. Je weniger wir ein Thema von uns wegschieben, desto kleiner wird die Angst davor. Es ist sogar möglich, den Tod als etwas Gutes zu sehen. Denn ohne ihn wäre das Leben nicht so kostbar.

Tina Epking

Freie Autorin und Redakteurin

3, 2, 1, und Los!

Als kleines Mädchen hatte ich oft Bammel davor, andere Kinder anzusprechen. Ich hätte manchmal richtig viel Lust gehabt, mit ihnen zu spielen, habe mich aber einfach nicht getraut, sie zu fragen. Stattdessen habe ich meine Schwester gebeten, mit mir zu den anderen zu gehen und sie anzusprechen – oder habe es einfach ganz bleiben lassen. Auch mit fremden Erwachsenen zu reden, fiel mir schwer. Ich weiß gar nicht, wie ich darauf kam, dass die Leute vielleicht unfreundlich zu mir sein oder mich nicht mögen könnten. Ich dachte das einfach. Irgendwann bin ich mutiger geworden und habe mich selbst immer wieder gezwungen, die Angst zu überwinden. Mal reichte mein Mut nur für ein Lächeln, und mal schaffte ich es, einfach frei drauflos zu sprechen. Aber ganz egal, wie viel ich mich traute, ich merkte immer wieder: Die Menschen waren nett zu mir. Und zwar wirklich fast alle! Je häufiger ich diese Erfahrung machte, desto kleiner wurde die Angst. Genau deshalb bin ich heute wohl eher das Gegenteil von schüchtern.

Man muss Menschen die Chance geben, gut zu sein.

Geheimtipp:

Wenn du dich etwas nicht traust, kannst du langsam rückwärts von 3 runterzählen und dich einfach überwinden, ohne noch mal darüber nachzudenken. Man kann sich sogar ein bisschen überlisten und schon bei 2 loslegen. Dann ist man selbst so überrascht, dass man gar keine Zeit mehr hat, Angst zu haben.

Julian Janssen

bekannt als „Checker Julian“

Sag der Angst: Jetzt erst recht!

Vielleicht hätte ich als Kind nicht so viele Haifilme schauen sollen, aber ich fand diese Tiere einfach faszinierend. Aus dieser Faszination ist allerdings irgendwann eine riesige Angst geworden, die mich bis heute nicht ganz loslässt. Sogar in einem beliebigen Baggersee mitten in Berlin habe ich das Gefühl, mich könnte gleich was anknabbern, obwohl das natürlich Quatsch ist. Einmal bin ich beim Dreh einer CheXpeditionsfolge aus Versehen richtig tief im Moor eingesunken. Dabei wollte ich eigentlich nur kurz aufs Klo. Ein falscher Schritt und es war geschehen: Ich steckte bis zur Brust im Schlamm. Zum Glück habe ich es mit Hilfe schnell wieder rausgeschafft, es war also nicht so schlimm. Wegen meiner Angst vor Haien war es für mich viel gruseliger, danach in einem See den Matsch abzuwaschen. Unser Tonmann ist netterweise mitgekommen und hat mich mit seinen lustigen Witzen abgelenkt. Schlimmer geht allerdings immer: Bald brauche ich einen Tauchschein für einen Dreh. Erst dachte ich, dass ich das auf keinen Fall machen werde, aber dann habe ich mich entschieden, meiner Angst die Stirn zu bieten. Von Haien in bayerischen Seen sollte man sich nämlich ganz sicher nicht davon abhalten lassen, etwas Cooles zu machen. Warum nicht? Weil es sie nicht gibt. Mit dem Weißen Hai in den Gewässern Australiens schwimmend, werdet ihr mich aber wahrscheinlich niemals sehen …

Geheimtipp:

Wenn die Angst es übertreibt, sag ihr: Jetzt erst recht! Du wirst dich sehr stark und mutig fühlen, wenn du etwas geschafft hast, was dir Angst gemacht hat. Bei mir hilft Ablenkung gut, um mich zu diesem Schritt zu überwinden. Was könnte dich gut ablenken?

Lina

spielt im Disney-Musical „Die Eiskönigin“ die kleine Prinzessin Elsa, die noch lernen muss, ihre magischen Kräfte zu kontrollieren.

Wenn ich mich um Anna kümmere, vergesse ich meine Angst!

Als ich zum Casting für die Rolle der Elsa im Musical „Die Eiskönigin" gegangen bin, war ich selbst noch unsicher, ob ich gut genug bin. Doch ein paar Monate später stand ich schon zum ersten Mal als Elsa auf der Bühne und zauberte Eiskristalle für Anna. Ich hatte es mir beängstigender vorgestellt, vor Publikum zu spielen und zu singen, als es tatsächlich ist. Man sieht die Leute nämlich gar nicht, wenn man auf der Bühne steht. Man hört dann nur irgendwann den Applaus. Kurz vor jedem Auftritt kommt manchmal trotzdem die Angst, dass etwas schiefgehen könnte. Am meisten fürchten wir Kinder im Team uns vor der Szene, in der wir aus Spielzeug den Schneemann Olaf bauen. Wenn wir die Spielzeuge zusammenbauen, ist es schon ab und zu passiert, dass Olaf einstürzt. Ich versuche, die Angst davor nicht allzu groß werden zu lassen. Meist gelingt mir das am besten, wenn ich mich um meine jüngere Spielpartnerin kümmere und ihr Mut mache. Eigentlich lustig, weil es bei mir so ist wie im Musical: Dadurch, dass Elsa Anna rettet, besiegt sie auch ihre eigene Angst.

Dein Patentipp

Liebe Lina,
du hast einen sehr klugen Weg gefunden, deine Angst in Grenzen zu halten. Einer anderen Person zu helfen, ist eine ganz wunderbare Idee. Das hilft gegen Lampenfieber, aber sogar in richtig gefährlichen Situationen. Wissenschaftler haben herausgefunden, dass Menschen, die etwas tun und helfen konnten, sich bei und nach Katastrophen durch die Ereignisse weniger belastet oder traumatisiert fühlen als andere Betroffene. Es hilft uns also tatsächlich auch selbst, anderen zu helfen. Das hast du sehr früh erkannt!

Deine Angstpatin Hiltrud Bierbaum-Luttermann, Kinder-Psychotherapeutin

Rolf Zuckowski

Sänger und Songwriter

Mit kleinen Schritten kannst du Großes erreichen!

Als Kind ging ich gerne in ein Freibad, in dem es ein Siebenmeterbrett gab. Das ist über einen Meter höher als die größte Giraffe der Welt. Ich weiß noch, dass ich dachte: „Das schaffe ich nie!" Der Gedanke, es trotzdem zu versuchen, ließ mich aber nicht mehr los, und so beschloss ich, mich langsam heranzutasten. Erst sprang ich vom Einmeterbrett, dann aus drei Metern Höhe und schließlich konnte ich auch meine Angst vor dem Fünfmeterbrett überwinden. Als ich das geschafft hatte, war ich so weit. Ich kletterte mit schlotternden Knien ganz nach oben und sprang – zum ersten und zum letzten Mal in meinem Leben – aus sieben Metern Höhe ins endlos weit entfernt scheinende Becken. Du ahnst nicht, wie stolz ich war.

Ganz langsam mit kleinen Schritten ...

Später als Erwachsener lernte ich viele große Künstler kennen. Einige von ihnen hatten auch nach vielen Jahren auf der Bühne richtig viel Angst, vor all den Menschen aufzutreten. Und diese Künstler taten genau das, was ich früher im Freibad getan hatte. Sie stürzten nicht einfach auf die Bühne. Sie stiegen ruhig und bedächtig eine Stufe nach der anderen hinauf, näherten sich ihrem Auftritt mit kleinen Schritten. Was dabei geschah, war beinahe magisch. Spätestens auf der letzten Stufe schien die Angst wie weggeblasen, und keiner hätte je geahnt, dass der Weg hinauf sie so große Überwindung gekostet hat.

Geheimtipp:

Wenn du Angst hast, etwas nicht zu schaffen, dann nähere dich der Sache mit kleinen Schritten. Man muss sich nicht sofort alles trauen! Mut bedeutet nicht, dass man keine Angst hat, sondern dass man sich von der Angst nicht davon abbringen lässt, wenigstens mal einen ersten Schritt zu gehen. Und dann vielleicht noch einen. Und ganz vielleicht noch einen ...

Imke-Marie Struck

Ergotherapeutin

Die Angst darf mit – im Kofferraum.

Wenn ich als Kind alleine etwas aus dem Keller holen sollte, dann verwandelte sich unser geliebter Spielkeller in meiner Fantasie in eine dunkle, gefährliche Höhle. Mir haben richtig die Beine geschlottert, und ich habe mir die schlimmsten Dinge ausgemalt. Auch abends und nachts, wenn ich alleine durchs Dunkle gehen musste, habe ich manchmal diese Angst gespürt. Was mir immer wieder geholfen hat, war Singen. Ich habe auf dem dunklen Weg vor mich hin gesungen oder gesummt, auf der Kellertreppe sowieso und sogar in der Geisterbahn. Die Melodie, auch wenn sie noch so leise war, war dann lauter als die Angst.

> Ich lasse die Angst halt einfach mitkommen.

Auch jetzt als Erwachsene kenne ich das Gefühl, Angst zu haben, noch sehr gut. Ich habe viel Fantasie und kann mir noch immer eine Menge Quatsch ausdenken, was so alles passieren könnte. Wenn ich mit meiner Familie zum Beispiel auf die Skipiste gehe, fährt die Angst immer mit. Ich habe mich mittlerweile daran gewöhnt und lasse sie halt einfach mitkommen. Nur eines lasse ich nicht zu: Dass meine Sorgen das Kommando übernehmen und Entscheidungen für mich treffen, die mir oder meiner Familie nicht guttun. Es ist mir wichtig, dass ich meinen Kindern und mir nicht die Freude an etwas verderbe, nur weil ich Angst habe.

Geheimtipp:

Stell dir vor, dass du Fahrer oder Fahrerin in einem Auto bist. Wenn die Angst unbedingt mitmöchte, biete ihr an, in den Kofferraum zu steigen, als Gepäck. Wenn du dir dieses Bild immer und immer wieder vorstellst, hilft das sehr, dir nicht zu sehr von der Angst reinreden zu lassen. Oder hast du schon mal Gepäck am Lenkrad sitzen sehen? Also, ich zum Glück noch nie!

Philipp Schmieja

führt Verhaltensexperimente durch
und hält Vorträge darüber

Man kann üben, auch mal unbeliebt zu sein!

Früher war es mir immer sehr wichtig, dass mich alle mögen. Manchmal habe ich dafür sogar so getan, als wäre ich anders, als ich bin. Zum Beispiel bin ich mit meinen Freunden zum Boxen gegangen, obwohl ich viel lieber Fußball gespielt hätte. Ich wollte einfach nie irgendjemanden enttäuschen. Das ging mir auch als Erwachsener noch lange so, bis ich irgendwann keine Lust mehr darauf hatte.
Also machte ich etwas sehr Lustiges: Ich übte, mich unbeliebt zu machen. Ich habe zum Beispiel einen Polizisten gefragt, ob er mich mal auf seinem Polizeimotorrad fahren lässt, oder eine Stewardess angebettelt, die Gäste über das Mikro begrüßen zu dürfen. Natürlich haben die meisten Leute bei meinen verrückten Fragen Nein gesagt und mich angeschaut, als wäre ich bekloppt. Aber manchmal haben Leute mir Sachen erlaubt, die ich nie für möglich gehalten hätte. Über all diese Abenteuer halte ich Vorträge und bringe damit viele Leute zum Lachen. Aber vor allem habe ich durch sie gelernt: Man muss nicht von jedem gemocht werden und kann trotzdem glücklich sein. Es macht sogar viel glücklicher, wenn man Ablehnung als Teil des Lebens begreift.

Geheimtipp:

Wenn du Angst hast, andere zu enttäuschen oder nicht gemocht zu werden, kann ich dich beruhigen. Durch meine Experimente weiß ich ganz sicher, dass man sogar mehr gemocht wird, wenn man ganz man selbst ist. Es macht dich interessanter, offener und du wirst so viel freier sein, wenn du Nein sagst, wann immer du Nein meinst, und machst, was auch immer du für richtig hältst, solange es keinem anderen schadet.

Josepha

mag Sport und tanzt gerne. Sie liebt ihr volles Bücher-regal, das sie in fantastische Welten bringt.

Ich mag es nicht, alleine zu sein.

Wenn es abends dunkel ist, mag ich es überhaupt nicht, wenn meine Eltern nicht zu Hause sind. Das kommt selten vor, und dann dauert es auch meist überhaupt nicht lange. Aber diese paar Minuten reichen schon vollkommen aus, um mir die fiesesten Einbrecher vorzustellen. Es geht mir dabei nicht nur um mich. Es wäre auch furchtbar, wenn meinen beiden kleinen Brüdern oder meiner großen Schwester etwas passieren würde. Sobald ich höre, dass meine Eltern wieder zu Hause sind, bin ich jedenfalls total erleichtert. Dann fühle ich mich wieder sicher und mache mir keine großen Sorgen mehr. Und wenn ich doch mal einfach so Angst bekomme, dann habe ich zumindest meine Eltern im Haus, die mir zuhören, mich in den Arm nehmen und für mich da sind.

Dein Patentipp

Liebe Josepha,
die Angst vor dem Alleinsein im Dunkeln haben ganz viele Kinder, und das kann ich gut verstehen. Das Gefühl der Sicherheit entsteht nämlich erst, wenn du selber erlebst, dass nichts Schlimmes passiert. Es ist deshalb total gut und genau richtig, dass du den Mut aufbringst, deine Eltern trotz deiner Ängste weggehen zu lassen. Das machst du schon richtig toll! Du kannst auch mit deinen Eltern sprechen und üben, dass die Zeit, in der sie weg sind, immer länger wird. Wenn du also fünf Minuten gut alleine bleiben kannst, sag ihnen, dass sie mal zehn Minuten weggehen sollen. So schaffst du es bald, ganz lange ohne Angst auszuhalten. Eines Tages wirst du hören, dass deine Eltern zurück sind, und merken, dass du gar nicht darüber nachgedacht hast. Und das hast du dann ganz allein deinem Mut zu verdanken, das Alleinbleiben trotz der Angst nicht zu vermeiden.

Dein Angstpate Prof. Dr. Marcel Romanos, Direktor der Klinik und Poliklinik für Kinder- und Jugendpsychatrie, Psychosomantik und Psychotherapie

LOTTE

Sängerin und Songwriterin

Mit deiner Angst bist du nicht alleine.

Meine drei Geschwister und ich sind in einem Haus mit einem großen, schönen Garten aufgewachsen. Schön fanden es dort aber leider nicht nur wir, sondern auch jede Menge Nacktschnecken. Abends krochen sie in Scharen auf die wärmenden Steine unserer Terrasse und lagen da in ihrem Schleim rum. Ich hatte riesige Angst, in eine reinzutreten. Meine Eltern erzählen heute noch, dass ich einmal als Vierjährige einen großen Bogen um eine dieser Schnecken machte, ihr dann die Zunge rausstreckte und sie „Bödmann Snecke" nannte. Da ich ja aber nicht jeden Sommerabend Bögen machen und Tiere beleidigen konnte, gewöhnte ich mich irgendwann an sie. Eklig finde ich sie trotzdem noch.

Es hilft mir, mich auf das Gute zu konzentrieren.

Vor meinen Auftritten bin ich auch jetzt als Erwachsene noch superaufgeregt. Ich möchte schließlich mein Bestes geben, um den Menschen einen schönen Abend zu machen. Gegen die Aufregung hilft es mir, mich auf all das Gute um mich herum zu konzentrieren. Anstatt mir vorzustellen, was auf der Bühne alles schiefgehen könnte, denke ich zum Beispiel daran, wie sehr ich es liebe, mit einer Band Musik zu machen. Das Schöne zu sehen, kann eine richtige Superheldenkraft sein, und man kann es jeden Tag üben. Wenn die Angst aber zu groß wird, klappt das auch bei mir nicht mehr. Dann hilft mir nur noch, ehrlich darüber zu reden und dabei meist zu merken: Die anderen kennen dieses Gefühl genauso gut wie ich.

Geheimtipp:

Wenn die Angst zu groß wird, um dich auf das Gute zu konzentrieren, dann erzähle jemandem von deinen Gefühlen. Du wirst dich viel weniger allein fühlen, wenn jemand zuhört, sich vielleicht sogar manchmal ähnlich fühlt wie du oder dich einfach ganz fest in den Arm nimmt.

Dr. Ulrich Stump

Vorsitzender Richter
am Oberlandesgericht
Frankfurt (in Pension)

Hab Vertrauen in Menschen mit Wissen und Erfahrung.

In meiner Jugend habe ich mal einen Ruderkurs gemacht. Wir übten auf dem Rhein, einem großen Fluss, auf dem riesige Schiffe fahren, die oft ganz schön fiese Wellen zurücklassen. Zum Glück hatten wir einen erfahrenen Ruderlehrer bei uns, der schon viele Bootsrennen gewonnen hatte und ein sehr in sich ruhender Typ war. Immer, wenn wieder ein Schiff an uns vorbeizog, sagte er mit seiner tiefen Stimme: „Ruhig, Männer, Blätter flach aufs Wasser!" Wir legten alle sofort die Ruder flach aufs Wasser und hofften, dass die Wellen bald vorüberzogen. Denn wir wussten: Wenn wir kentern, müssen wir es aus dem tiefen Wasser wieder ins wackelige Boot schaffen oder ohne Boot ans Ufer schwimmen.

Ich glaube, dass meine innere Stimme diesem Ruderlehrer sehr ähnlich ist. Wenn es in meinem Leben stürmischer wird, trage ich großes Vertrauen in mir, dass ich schon alles wieder stabilisieren werde, genau wie das Ruderboot nach den Wellen. Auch als Richter hat es mir immer geholfen, ruhig und gelassen alles genau anzuhören, zu prüfen und mich auf mein Fachwissen zu verlassen. Dann hatte ich keine Angst mehr, falsche Entscheidungen zu treffen, weil ich wusste, dass ich mein Bestes gegeben habe, um richtig zu urteilen. Das war mir wichtig. Denn genau so, wie ich auf andere vertrauen möchte, sollten sich auch die Menschen vor Gericht auf mein Wissen, meine Genauigkeit und mein Urteilsvermögen verlassen können.

Geheimtipp:

Wenn du Angst vor etwas hast, wende dich an eine Person, die viel Wissen über dieses Etwas hat oder mehr Erfahrung damit als du. Klugen Menschen zu vertrauen, ist eine Entscheidung. So mache ich das schon mein ganzes Leben, und es hilft mir noch immer.

Johanna Fröhlich Zapata

Medizinanthropologin und Heilpraktikerin für Psychotherapie

Liebe ist das Gegenteil von Angst!

Die ersten Jahre meiner Kindheit wuchs ich ganz behütet in einer Finca mitten im kolumbianischen Nirgendwo auf. Eines Tages, ich muss etwa fünf Jahre alt gewesen sein, sah ich dabei zu, wie mein Vater einen Baum fällte. Ich weiß noch, dass ich mir die Ohren zuhielt und einfach nur losschrie, als er die Kreissäge ansetzte. An diesem Tag begriff ich erst, dass Bäume umfallen können und dass alles Holz irgendwann mal ein Baum war. Ich fand es einfach nur schlimm, dass Menschen diesen großen und wunderbaren Lebewesen etwas zuleide tun.

Seit diesem Tag hatte ich riesige Angst, dass Bäume auf mich fallen könnten. Manchmal sind meine Eltern riesige Umwege mit mir gelaufen und gefahren, um alle Wege unter Bäumen zu meiden. Ich bin ihnen sehr dankbar, wie behutsam sie mit meinen Ängsten umgingen. Irgendwann näherte ich mich dann ganz von alleine wieder an und habe mein Vertrauen in die Wurzeln der Bäume wiedergefunden. Heute bin ich mir sicher, dass man die Natur respektieren und trotzdem nutzen kann. Es braucht sicher viel Feingefühl, Wissen, Maß und Liebe, um Bäume so zu fällen, dass man keinen nachhaltigen Schaden anrichtet. Wenn ich aber sehe, wie achtlos ganze Regenwälder gerodet werden, könnte ich immer noch schreien.

Geheimtipp:

Schließe deine Augen und stelle dir vor, dass du mit aller Liebe in dir eine Kerze anzündest. Konzentrier dich ganz fest darauf, dass die Kerze nicht ausgeht, und atme so ruhig, dass dein Atem sie nicht auspustet. Solange diese Kerze aus Liebe in dir brennt, hat die Angst keine Chance. Denn auch wenn es merkwürdig klingt: Das Gegenteil von Angst ist nicht Mut, sondern Liebe.

GEMEINSAM KRAFT SAMMELN ♡

Johann Traber

Seniorchef der Hochseilartistenfamilie Johann Traber (mit seinem Sohn)

Die Familie ist das Netz, das alles auffängt!

Es war nie eine Frage, ob ich Hochseilartist werde – ich war es von Geburt an. Als Baby wurde ich von meiner Familie über das Hochseil getragen, meine Taufe fand in 22 Metern Höhe statt. So ist das, wenn man in einer Artistenfamilie geboren wird, deren Existenz davon abhängt. Da wächst man quasi auf dem Seil auf. Ähnlich war es auch bei meinen Kindern. Mit fünf Jahren saßen sie schon bei mir auf den Schultern, während ich mit dem Motorrad in schwindelnder Höhe fuhr. Um sich das zu trauen, muss man damit groß werden. So was lernt man nicht mal eben von heute auf morgen. Wenn ein Mensch in 2964 Metern Höhe mit einem Mountainbike auf einem Draht vom Ostgipfel der Zugspitze zum Westgipfel fährt, dann kann er nicht behaupten, keine Angst zu kennen. Im Gegenteil: Ich kenne sie sogar sehr gut. Aber bevor ich losgehe oder losfahre, muss ich die Angst hinter mir lassen. Es gibt kein Zurück. Ich denke dann daran, dass Seiltanzen wie Fliegen ist, und vertraue darauf, heil anzukommen. Auch als mein Sohn einen schweren Unfall aus großer Höhe hatte, habe ich mich in meinem riesigen Schmerz auf das Vertrauen in mir besonnen. Ich habe gebetet: „Bitte, lass meinen Jungen überleben!" Und er überlebte – wie durch ein Wunder. Aber glaub mir, ich habe nie zuvor solche Angst gespürt wie in diesem Moment.

Geheimtipp:

Wenn du dich auf einen Weg machst, der so viel Mut erfordert wie ein Seiltanz, dann sammle vorher ganz viel Kraft bei deiner Familie. Kein Netz der Welt kann so viel Sicherheit geben wie sie. Wenn du sie in deinem Rücken weißt und ihre Nähe spürst, dann kannst du so viel mehr schaffen, als du je geahnt hast.

Hiltrud Bierbaum-Luttermann

Diplom-Psychologin und Psychotherapeutin

Gegen Angst hilft die Sprache des Reptiliengehirns.

Spritzen, Zahnärzte, Impfungen – all das war für mich als Kind der totale Horror. Ich hatte schon Tage vor den Terminen Panik und bin oft wieder gegangen, ohne den Mund geöffnet oder eine Spritze bekommen zu haben. Es lief immer gleich ab. Erst versuchten sie, mich mit Bonbons zu locken, dann wurden sie streng, aber letzten Endes hat man mich ohne Behandlung wieder nach Hause geschickt. So ging das, bis wir umzogen und ich bei einem Zahnarzt landete, der alles richtig machte. Er lenkte mich mit Geschichten von Murmeltieren ab, nahm sich viel Zeit und gab mir ein Gefühl von Kontrolle, indem er mir alles erklärte und mich mitentscheiden ließ. Dieser Arzt durfte mir sogar Spritzen geben.

Heute arbeite ich als Therapeutin oft mit Kindern, die große Ängste haben. Um Angst zu verstehen, muss man wissen, dass sie häufig durch Gefahrensignale im ältesten Teil unseres Gehirns entsteht, dem „Reptiliengehirn". Dieses Reptiliengehirn will uns schützen und versteht weder Bestechungen noch aufmunternde Worte. Es kann auch nicht zwischen „echt" und „Fantasie" unterscheiden, reagiert also auch auf das, was man sich vorstellt. Es muss davon überzeugt werden, dass keine Lebensgefahr besteht, denn sonst bekommst du Angst und stellst dir was Schlimmes vor – und darauf reagiert wieder das Reptiliengehirn.

Geheimtipp:

„Sprich" mit deinem Reptiliengehirn. Atme etwa drei Sekunden durch die Nase ein, halte den Atem kurz an, atme dann sechs Sekunden lang durch den Mund aus und lass deine Schultern locker nach unten fallen. Stell dir dabei etwas Interessantes in der Zukunft vor. Das übersetzt dein Reptiliengehirn mit: „Guck, ich atme ganz entspannt, und es gibt einen Plan für morgen, also ist alles gut!"

Christine Rickhoff

hat mit 100 Menschen
über die Angst
gesprochen und
ihre besten Tipps in
diesem Buch für dich
aufgeschrieben.

Welches Tier ist dein Mut-mach-Tier?

Ich hatte früher sehr viele Ängste. Aber ganz besonders gut erinnere ich mich daran, dass ich mir oft große Sorgen gemacht habe, nervig zu sein. Auf der einen Seite wollte ich, dass mich niemand blöd findet, auf der anderen Seite konnte ich einfach nie meine Klappe halten, wenn mir etwas Lustiges einfiel. Ich glaube, ich war manchmal eine richtige kleine Nervensäge. Wenn mir etwas ungerecht vorkam, dann musste ich das bis zum bitteren Ende ausdiskutieren, und dumme Sprüche, die mir einfielen, blieben leider nur selten im Das-sagt-man-besser-nicht-Filter hängen. Abends lag ich dann aber oft wach und hatte Bauchschmerzen, weil ich Angst davor hatte, dass ich zu frech und zu laut war.

Man ist, wer man ist.

Es hat viele Jahre gebraucht, bis ich erkannt habe, dass ich nun mal einfach so bin, wie ich bin, und dass man das nicht einfach abschütteln kann. Manchmal habe ich noch immer solche Gedanken und Bauchschmerzen, aber dann denke ich an all die Menschen, die mich lieb haben und haargenau richtig finden. Wir sind alle so unterschiedlich. Aber mittlerweile bin ich mir ganz sicher, dass keiner von uns zu laut, zu leise, zu schüchtern, zu frech, zu anstrengend oder zu sonst was ist. Es ist nämlich schön, ganz besonders zu sein, und keiner sollte je aus Angst, irgendwie nicht richtig zu sein, Bauchschmerzen bekommen. Nicht mal ich selbst.

Geheimtipp:

Finde dein ganz persönliches Mut-Mach-Tier! Wenn ich Angst hatte, habe ich mir immer vorgestellt, ein Delfin zu sein. Die sind auch laut, frech und lustig, aber alle finden sie trotzdem super. Welches Tier ist dir ähnlich? Und welches Tier hat Kräfte, die dir gegen deine ganz eigene Angst helfen könnten?

Das bin ich:

Davor habe ich Angst

Patentipp:

Geheimtipps:

Tipps für Eltern
(und alle anderen Erwachsenen, die mit Kinderängsten zu tun haben)

Was kann ich tun, wenn mein Kind Angst hat?

Nicht bagatellisieren und nicht verschlimmern!
„Eltern tendieren dazu, Angst entweder zu bagatellisieren oder zu verschlimmern. Beides ist wenig hilfreich. Ich kann die Angst meines Kindes nicht einfach mit schönen Worten wegreden. Das wird dem Kind nur vermitteln, dass sein Gefühl falsch ist. Total in die Emotion einzusteigen und sofort in Aktionismus zu verfallen, ist letzten Endes nicht besser, denn es verstärkt das Gefühl. Was hingegen immer hilft: zuhören, reden, ernst nehmen, ruhig bleiben, genauer fragen und in der Lösungsfindung unterstützen."

René Borbonus, Kommunikationsexperte, Rhetoriktrainer und Autor

Kinder wollen ernst genommen werden ...
„Angst entsteht oft bei gefühltem oder echtem Kontrollverlust. Kindern hilft es sehr, wenn sie ernst genommen und in Situationen, die ihnen Angst machen, mit einbezogen werden. Es ist immer wichtig, dass Erwachsene genau nachfragen: Was brauchst du, um dich zu trauen? Was könnte dir helfen? Sollen wir uns Schritt für Schritt herantasten oder willst du einfach schnell ins kalte Wasser springen? Da hat jedes Kind seinen ganz eigenen Weg."

Hiltrud Bierbaum-Luttermann, Psychologin und Psychotherapeutin

Eltern können Brücken bauen und dürfen ihren Kindern vertrauen.
„Wenn Kinder Angst haben, ist es sinnvoll, immer wieder Angebote zu machen und Gelegenheiten zu bieten, die Angst zu überwinden. Ganz wichtig ist es, dabei keinen zu großen Druck auszuüben und geduldig zu sein. Wenn das Kind bereit ist, wird es aus eigener Kraft die Brücken überqueren, die man ihnen baut."

Prof. Dr. Julian Schmitz,
Psychologieprofessor mit dem Forschungsschwerpunkt Kinderängste

Konkrete Angst ist besser als diffuse Angst.
„Ganz egal, wovor das Kind Angst hat, es hilft immer, sie so konkret wie möglich zu machen, indem man detailliert nachfragt. Je klarer dem Kind bewusst ist, von was es sich genau bedroht fühlt und was das Worst-Case-Szenario in seinem Kopf ist, desto leichter fällt es, gemeinsam Auswege zu finden."

René Borbonus, Kommunikationsexperte

Vermeidung fördert Angst!
„Keine Angst geht einfach so weg, wenn keine guten Erfahrungen gemacht werden. Es ist deshalb sehr wichtig, das Kind darin zu unterstützen, die Angst zu überwinden. Das muss es nicht alleine tun. Wenn wir in der psychiatrischen Klinik Kinder mit großen Ängsten behandeln, gehen wir ganz langsam Schritt für Schritt vor. Wir zeigen erst ein Bild, dann vielleicht einen Film, dann nähern wir uns gemeinsam langsam an, immer im Tempo des Kindes. Das kann man als Eltern auch mit kleinen Ängsten so machen. Falsch wäre bloß eine komplette Unterstützung der Vermeidungsstrategie."

Prof. Dr. Marcel Romanos,
Direktor der Klinik und Poliklinik für Kinder- und Jugendpsychiatrie, Psychosomatik und Psychotherapie

Wie stärke ich mein Kind?

Kinder brauchen zuverlässige Eltern.
„Schon in den ersten Lebensmonaten ist es besonders wichtig, wachsam auf die Bedürfnisse und Kontaktaufnahmen des Kindes zu reagieren und ihm so zu helfen, seine Gefühle auszuhalten, zu sortieren und sich sicher zu fühlen. Das sich darüber entwickelnde Urvertrauen ist wichtig bei der Bewältigung von Frustrationen. Wenn kleine Kinder zum Beispiel immer die Letzten sind, die von der Kita abgeholt werden, strapaziert das deren Sicherheitsbedürfnis sehr und kann ängstigend wirken."

Dr. Dagmar Brandi, Kinderärztin und analytische Kindertherapeutin

Eltern haben viel Einfluss auf das Selbstbild der Kinder.
„Ich wurde blind geboren, und viele Eltern hätten mich deshalb sicherlich in Watte gepackt. Meine Eltern entschieden sich aber zum Glück dagegen und gaben mir stattdessen das Gefühl, dass ich alles erreichen kann, wenn ich es nur will und hart arbeite. Dass ich heute nur sehr wenige Ängste habe und als ganz normal arbeitende Mutter ein erfülltes Leben lebe, habe ich auch der Ermutigung meiner Eltern zu verdanken. Ich bin mir sicher: Eltern haben einen riesigen Einfluss auf das Selbstbild von Kindern."

Constanze Hill, Coach, Autorin und psychologische Beraterin

Lasst euren Kindern die Zeit, die sie brauchen!
„Nach meinen Vorträgen kommen oft Eltern zu mir und wollen wissen, wie sie ihre Kinder ermutigen können, trotz aller Hindernisse so lebensbejahend zu sein wie ich. Ich habe darauf keine wirkliche Antwort, denn die Wahrheit ist: Meine Eltern hätten sich auf den Kopf stellen können, um mir zu helfen, aber der Weg zur Selbstwertschätzung ist ein innerer Weg. Nur euer Kind allein kann die Grenzen verschieben, was ihm möglich erscheint und was nicht. Und nur es selbst kennt den richtigen Zeitpunkt dafür. Lasst ihm all die Zeit, die es braucht, um zu wachsen und die eigene Selbstwirksamkeit zu entdecken. Auch

wenn ihr als Eltern schon wisst, dass euer Sohn oder eure Tochter Unglaubliches schaffen kann … Jeder Mensch muss selbst herausfinden, wann er oder sie so weit ist, die eigene Angst und die inneren Grenzen zu überwinden. Und wenn das nicht heute ist, dann vielleicht morgen. Oder an irgendeinem anderen Tag. Und das ist vollkommen in Ordnung!"

Janis McDavid, Speaker und Autor

Kinder sind keine Erwachsenen.
„Eltern sprechen mit Kindern manchmal wie mit Erwachsenen. Auch ich ertappe mich ab und zu dabei. Wir merken dann oft gar nicht, dass wir eventuell Ängste auslösen, wenn wir ungefiltert unsere eigenen Gedanken preisgeben. Kindern fehlt noch der Erfahrungsschatz, um unsere Worte einzuordnen. Das kann extrem verunsichern. Es ist deshalb sehr sinnvoll, Gespräche über Politik, Klimawandel oder ähnlich heikle Themen den emotionalen und intellektuellen Ressourcen unserer Gesprächspartner anzupassen."

René Borbonus, Kommunikationsexperte

Man darf dem Kind etwas zutrauen.
„Kinder schöpfen ihren Mut aus dem Zuspruch, den sie von Eltern und Bezugspersonen bekommen, und aus Erfahrungen, die sie bereits als Erinnerung in sich tragen. Eltern können also eine große Unterstützung im allgemeinen Umgang mit Verunsicherung sein, indem sie ihren Kindern etwas zutrauen und auch mal zumuten. Das hilft Kindern, sich als selbstwirksam zu erleben. Kinder ahmen ihre Bezugspersonen außerdem nach – auch darin, wie sehr sie in ihre eigene Kraft vertrauen."

Dr. Dagmar Brandi, Kinderärztin und analytische Kindertherapeutin

Woher weiß ich, wann wir professionelle Hilfe brauchen?

Es gibt Indikatoren, die darauf hindeuten, dass man als Familie Hilfe braucht

„Fachliche Hilfe wird dann benötigt, wenn durch eigenes Verhalten oder Handlungen ein Leidensdruck entsteht. Wenn das Kind anfängt, komplett zu blockieren, sich Dinge nicht mehr zutraut, die es schon gut allein geschafft hat, oder der Alltag der Familie von der Angst eines Mitglieds bestimmt wird, zum Beispiel durch Einfordern von Ritualen, die von allen befolgt werden müssen. Ein guter Indikator ist auch, ob die Angst das Kind so sehr einschränkt, dass es Erfahrungen nicht machen kann, die für seine Entwicklung gut und wichtig wären."

Elke Seyed Ebrahim,
Fachärztin für Kinder- und Jugendpsychiatrie und -psychotherapie

Es ist wichtig, auf starke Ängste und Phobien zu reagieren

„Wenn Eltern sich unsicher sind, ob ihr Kind professionelle Hilfe bei der Bewältigung seiner Ängste benötigt, können unter anderem folgende Fragen bei der Selbsteinschätzung helfen:

1. Habe ich das Gefühl, dass mein Kind unter seinen Ängsten stark leidet, sich zurückzieht und / oder deutliche Probleme hat, seine Emotionen zu verarbeiten?
2. Hat sich mein Kind in letzter Zeit stark verändert und steht dies möglicherweise in Zusammenhang mit einem hohen Leidensdruck?
3. Führen die Ängste meines Kindes zu bedeutsamen Einschränkungen in seinem Alltag?
4. Kann es in der Schule oder in anderen Lebensbereichen aufgrund seiner Probleme nicht zeigen, was in ihm steckt?

5. Sind dem Kind altersentsprechende, wichtige Erlebnisse (wie z. Bsp. Klassenreisen) oder altersentsprechende Entwicklungsschritte nicht möglich?

6. Gelingt mir in diesem Bereich der Zugang zu meinem Kind nicht mehr?

7. Wurde ich von anderen erwachsenen Bezugspersonen meines Kindes auf Veränderungen / auf die Ängste meines Kindes angesprochen?

Wenn einer oder mehrere dieser Punkte zutreffen, ist es sicherlich sinnvoll, sich als Eltern zumindest einmal beraten zu lassen. Hierzu kann man sich an Familienberatungsstellen, therapeutische Praxen oder aber auch erst einmal an die Schule / den Kindergarten des Kindes wenden. Es ist wichtig, auf starke Ängste und Phobien zu reagieren, bevor eine eventuelle Vermeidungshaltung und / oder das aus der Angst entstehende Leid zur Normalität des Kindes werden."

Tina Hellwig,
Kinder- und Jugendlichenpsychotherapeutin / Mama-Coach

Schaut genau hin, wie hoch der Leidensdruck ist

„Manchmal frage ich mich, ob es nicht besser gewesen wäre, schon als Kind das Thema Ängste ernsthaft anzugehen. Ich selbst habe eine richtige Fassade aufgebaut, die es schwer für mein Umfeld machte, das Ausmaß meiner Ängste zu erkennen. Ich glaube, es ist wichtig, ganz genau hinzusehen und zu handeln, wenn die Ängste das Kind zu sehr einschränken. Dann ist ein professioneller Rat ganz sicher der richtige Weg…"

Lina Larissa Strahl,
Sängerin und Schauspielerin

Fotonachweis

Seite 10 Dr. Ornella Weideli ©Foto: Claire Keating - Save Our Seas Foundation
Seite 12 Tobi Krell ©Foto: Hans-Florian Hopfner
Seite 14 Emil ©Foto: privat
Seite 16 Maral Bazargani ©Foto: privat
Seite 18 Michael Jung ©Foto: equistock_Hartig
Seite 20 Stefanie Stahl ©Foto: Susanne Wysocki
Seite 22 Nagm Bagadi ©Foto: privat
Seite 24 Lina Larissa Strahl ©Foto: Keba
Seite 26 Thomas Müller ©Foto: Sepp Morrison
Seite 28 Karen Malo ©Foto: CMA
Seite 30 Heike Punge ©Foto: privat
Seite 32 Johannes Büchs ©Foto: privar
Seite 34 Uroma Hilde ©Foto: privat
Seite 36 Lilly ©Foto: privat
Seite 38 Willi Weitzel ©Foto: privat
Seite 40 Dr. Gerhard Thiele ©Foto: NASA
Seite 42 Fola Dada ©Foto: ©Foto: Annette Cardinale
Seite 44 Henri Faber ©Foto: privat
Seite 46 Gonzalo Campos López ©Foto: Jan Potente, Stage Entertainment
Seite 48 Stefanie Körner ©Foto: privat
Seite 50 Mareike Borkowski ©Foto: privat
Seite 52 Max Giesinger ©Foto: Christoph Köstlin
Seite 54 Jule Hermann ©Foto: privat
Seite 56 Borwin Bandelow ©Foto: privat
Seite 58 Lotta ©Foto: privat
Seite 60 DIKKA ©Foto: DIKKA
Seite 62 Janis McDavid ©Foto: Janis McDavid
Seite 64 Florian Sprater ©Foto: Florian Sprater
Seite 66 Peter Maffay Foto; Laura Besch © Red Rooster Musikproduktion GmbH (4)
Seite 68 Astrid Kracht ©Foto: Astrid Kracht
Seite 70 Tina Hellwig ©Foto: privat
Seite 72 Florian Sump ©Foto: Michi Schunck
Seite 74 Noah ©Foto: privat
Seite 76 Dr. Mareike Awe ©Foto: intumind GmbH
Seite 78 Andreas Welk ©Foto: privat
Seite 80 Pamela Dutkiewicz-Emmerich ©Foto: Jens Arbogast
Seite 82 Bürger Lars Dietrich ©Foto: Chris Gonz
Seite 84 Felicitas Horstschäfer ©Foto: privat
Seite 86 Alexander Hartmann ©Foto: Alexander Hartmann
Seite 88 René Borbonus ©Foto: René Borbonus
Seite 90 Leni Bolt ©Foto: Kim-Lena Sahin
Seite 92 Teresa Ngigi ©Foto: privat
Seite 94 Marie ©Foto: privat
Seite 96 Malte Arkona ©Foto: Nikolaj Lund
Seite 98 Prof. Dr. Marcel Romanos ©Foto: privat
Seite 100 Joelle Tourlonias ©Foto: Beatrice Mack
Seite 102 Andreas Fröhlich ©Foto: Christian Hartmann
Seite 104 Annika Preil ©Foto: Saskia Nunes
Seite 106 Jakob Hoffmann ©Foto: privat
Seite 108 Dr. Dagmar Brandi ©Foto: privat
Seite 110 Tobias Handtke ©Foto: privat
Seite 112 Majbritt Kremo ©Foto: privat
Seite 114 Alma ©Foto: privat
Seite 116 André Gatzke ©Foto: privat
Seite 118 Petra Marzian ©Foto: privat
Seite 120 Klaus Jabs ©Foto: privat
Seite 122 Lukas Nimscheck ©Foto: Michi Schunck
Seite 124 Katja Drinkmann ©Foto: privat
Seite 126 Elke Seyed Ebrahim ©Foto: Christina Opeldus
Seite 128 Julian Schmitz ©Foto: privat
Seite 130 Felix ©Foto: privat
Seite 132 Dafni Kryoneriti ©Foto: Jan Schmidt
Seite 134 Patrick Hausding ©Foto: privat
Seite 138 Alvaro Soler ©Foto: Christoph Köstlin
Seite 140 Laura Maire ©Foto: Christian Hartmann
Seite 142 Daniel Duddek ©Foto: Stark auch ohne Muckis GmbH
Seite 144 Hendrikje Balsmeyer ©Foto: Red Rooster Musikproduktion GmbH
Seite 146 Can ©Foto: privat
Seite 148 Juri Tetzlaff ©Foto: Ulrich Hartmann
Seite 150 Ljuba Krause ©Foto: privat
Seite 152 Markus Lankow ©Foto: privat
Seite 154 Milagrosa Abalos-Körner ©Foto: privat
Seite 156 Karsten Schröder ©Foto: privat
Seite 158 Ranga Yogeshwar ©Foto: Ramon Haindl
Seite 160 Inger Nilsson ©Foto: Bibbi Fogelquist
Seite 162 Eva-Maria Krüger ©Foto: privat
Seite 164 Dr. Robert Gorzka ©Foto: privat
Seite 166 Tanja Mairhofer ©Foto: Mathias Vietmeier
Seite 168 Maxine Klug ©Foto: Sarah Mikeleitis
Seite 170 Sebastian ©Foto: privat
Seite 172 Suzanna Randall ©Foto: Marek Beier
Seite 174 Franz-Josef Acher ©Foto: privat
Seite 176 Motsi Mabuse ©Foto: www.motsi.de
Seite 178 Boris Beimann ©Foto: privat
Seite 180 Teresa Garb ©Foto: privat
Seite 182 Andreas Werner ©Foto: privat
Seite 184 Tina Epking ©Foto: privat
Seite 186 Julian Janssen ©Foto: WDR
Seite 188 Lina ©Foto: Johan Persson, Stage Entertainment
Seite 190 Rolf Zuckowski ©Foto: M. Gamper
Seite 192 Imke-Marie Struck ©Foto: privat
Seite 194 Philipp Schmieja ©Foto: privat
Seite 196 Josepha ©Foto: privat
Seite 198 LOTTE ©Foto: in Svenja Ava
Seite 200 Dr. Ulrich Stump ©Foto: privat
Seite 202 Johanna Fröhlich Zapata ©Foto: Johanna Fröhlich Zapata
Seite 204 Johann Traber (mit Sohn) ©Foto: privat
Seite 206 Hiltrud Bierbaum-Luttermann ©Foto: Hiltrud Bierbaum-Luttermann
Seite 208 Christine Rickhoff ©Foto: privat

Thomas Müller und sein Weg zum Fußballstar

Thomas Müller · Julien Wolff
Mein Weg zum Fußballprofi
(Kinderbuch)
192 Seiten · Ab 10 Jahren
ISBN 978-3-7891-1517-2*

Thomas Müller · Julien Wolff
Mein Weg zum Traumverein
(Lesestarter)
64 Seiten · Ab 7 Jahren
ISBN 978-3-7891-1379-6

Thomas Müller · Julien Wolff
Mein Weg in die Startelf
(Lesestarter)
64 Seiten · Ab 7 Jahren
ISBN 978-3-7891-1039-9

Wenn ich groß bin, will ich Fußballprofi sein! Davon träumen viele Kinder. Doch wie kann man es wirklich schaffen? Superstar Thomas Müller erzählt hier ehrlich und sympathisch seine Geschichte. Vom allerersten Tritt gegen den Ball über das erste Spiel als Profi für den FC Bayern bis hin zum Champions-League-Sieg und dem grandiosen Gewinn der Weltmeisterschaft in Brasilien.

In den LESESTARTERN von Thomas Müller erfahren Kinder die wahre Geschichte eines der beliebtesten Fußballer Deutschlands und lernen ganz nebenbei lesen. Mit 16 Seiten Leserätseln und Lesespielen.

Auch als eBook und Hörbuch*

Oetinger

Weitere Informationen unter:
www.oetinger.de